COLLANA CULTURACATTOLICA.IT
DIRETTA DA GABRIELE MANGIAROTTI

3

Gianfranco Amato

Omofobia o eterofobia?

Perché opporsi a una legge ingiusta e liberticida

Prefazione di S.E. Mons. Luigi Negri
Arcivescovo di Ferrara-Comacchio
Abate di Pomposa

Fede & Cultura

OMOFOBIA O ETEROFOBIA? – *Gianfranco Amato*

ISBN 978-88-6409-288-1

Fede & Cultura
viale della repubblica, 15
37126 Verona (Italy)
Tel. 045-941851
Fax 045-9251058

www.fedecultura.com
e.mail: ordini@fedecultura.com

Prima edizione: gennaio 2014
Prima ristampa: marzo 2014
Seconda ristampa: aprile 2014

E se cognoscerete e sarete amatori
della verità, non vi daranno timore le pene.
Ma se non fuste in questo dulce e suave amore
della verità, l'ombra vostra vi farebbe paura.

(S. Caterina da Siena)

PREFAZIONE

In questo suo ultimo interessante lavoro l'amico Gianfranco Amato rende giustizia, con il piglio coraggioso che lo contraddistingue, alla verità dei fatti, offrendoci una ricostruzione dettagliata e documentata di quanto avvenuto attorno alla vicenda della controversa proposta di legge sull'omofobia. In questa sua opera emerge chiaro e forte il grido di allarme per i rischi che comporta un intervento normativo in quella delicata materia. Una vera e propria emergenza democratica, dal momento che in gioco vi sono i diritti costituzionali della libera manifestazione del pensiero e della libertà religiosa.

Come ho avuto modo di dire, la libertà di coscienza, con la conseguente libertà di opinione, di scelte culturali e religiose, costituisce la base di quella sana laicità che l'Occidente ha recuperato dopo secoli di fatiche, di tensioni e di violenze, grazie anche al contributo della grande tradizione di vita e magisteriale della Chiesa cattolica. Oggi su questa sana laicità del nostro popolo e della nostra società incombe un pericolo gravissimo.

Una campagna mediatica potente e ben orchestrata tenta, infatti, di indurre l'opinione pubblica a credere che esista nel nostro Paese un grave ed allarmante fenomeno di discriminazione basato sull'orientamento sessuale, talmente diffuso da imporre ferree ed esemplari misure legislative per contrastarlo. Tutto ciò, nonostante i dati oggettivi dicano il contrario, e nonostante sia in corso una pervasiva campagna propagandistica a favore dell'ideologia pansessualista, che riesce ad infilarsi persino nell'intimità familiare degli italiani attraverso il potente mezzo televisivo.

La legge in discussione in parlamento, come evidenzia bene Amato, contiene seri profili di incostituzionalità e, soprattutto, mette a rischio la libertà di opinione di coloro che si oppongono al matrimonio tra persone dello stesso sesso, all'adozione di minori da parte di coppie omosessuali, o che ritengono l'omosessualità una «grave depravazione», citando le Sacre Scritture (Gn 19,1-29; Rm 1,24-27; 1 Cor 6,9-10; 1 Tm 1,10), o dichiarano che gli atti compiuti dagli omosessuali siano «intrinsecamente disordinati», e «contrari alla legge naturale», poiché «precludono all'atto sessuale il dono della vita e non costituiscono il frutto di una vera complementarietà affettiva e sessuale» (art. 2357 del Catechismo della Chiesa Cattolica).

Si profila quindi per la prima volta, a più di settant'anni dalla fine del regime fascista, il reato di opinione, cifra identificativa dei tempi torbidi delle ideologie statali, che parevano definitivamente consegnati alla Storia.

L'impianto ideologico dell'intervento normativo in discussione al parlamento italiano è poi reso evidente da un fatto oggettivo: gli omosessuali ed i transessuali godono già di tutti gli ampi strumenti che l'ordinamento giuridico mette a loro disposizione, dal codice penale a quello civile, per difendere la propria dignità personale e tutelarsi da forme di ingiusta discriminazione, già peraltro vietate dall'art. 3 della nostra Costituzione, il quale sancisce che tutti i cittadini – a prescindere dal proprio orientamento sessuale – «hanno pari dignità sociale e sono eguali davanti alla legge, senza distinzione di sesso, di razza, di lingua, di religione, di opinioni politiche, di condizioni personali e sociali».

Il rischio – spiega bene Gianfranco Amato – è semmai quello di un intervento ideologico ed invasivo dello Stato nell'educazione dei giovani (particolarmente in ambito sessuale), attraverso il recepimento di raccomandazioni e regolamenti che giungono dalle istituzioni comunitarie ed internazionali, a forte impronta omosessualista. Come ricordava Benedetto XVI in quello splendido documento che va sotto il nome di *Caritas in Veritate*, «la Chiesa, che ha a cuore il vero sviluppo dell'uomo, gli raccomanda il pieno rispetto dei valori umani anche nell'esercizio della sessualità», che «non può ridursi a mero fatto edonistico e ludico, così come l'educazione sessuale non si può ridurre a un'istruzione tecnica, con l'unica preoccupazione di difendere gli interessati da eventuali contagi o dal "rischio" procreativo». Perciò il Santo Padre esortava ad «opporre la competenza primaria delle famiglie in questo campo, rispetto allo Stato e alle sue politiche restrittive» (n. 44).

La Chiesa parla della natura dell'essere umano come uomo e donna, e chiede che quest'ordine della creazione venga rispettato, perché in caso contrario, si assisterebbe all'autodistruzione dell'uomo e quindi alla distruzione dell'opera stessa di Dio.

Come ricordava ancora Benedetto XVI nel discorso tenuto il 22 dicembre 2008 in occasione degli auguri natalizi alla Curia romana, «ciò che spesso viene espresso ed inteso con il termine "*gender*", si risolve in definitiva nell'autoemancipazione dell'uomo dal creato e dal Creatore», proprio perché «l'uomo vuole farsi da solo e disporre sempre ed esclusivamente da solo ciò che lo riguarda», anche se «in questo modo vive contro la verità, vive contro lo Spirito creatore». Aggiungeva il Papa, con un'efficace metafora, che «le foreste tropicali meritano, sì, la nostra protezione, ma non la merita meno l'uomo come creatura, nella quale è iscritto un messaggio che non significa contraddizione della nostra libertà, ma la sua condizione».

Oggi assistiamo al tentativo di una vera e propria rivoluzione antropologica. E noi come vescovi, come Chiesa, non possiamo assistere passivamente alla tragedia che ci è di fronte.

Come ho recentemente affermato, il reiterato silenzio della Chiesa nei confronti di questa rivoluzione in atto ci renderà, nel giudizio degli storici futuri, in qualche modo conniventi. Questa è una grave eventualità: una Chiesa che vuole essere presente nel paese, e che aveva ricevuto da Benedetto XVI nell'indimenticabile convegno di Verona il compito di custodire e sviluppare la cultura del nostro popolo, che contiene anche una energia di civilizzazione, credo che debba chiedersi se è all'altezza del compito che la base popolare e la suprema Autorità della Chiesa ci consegnano.

✠ Mons. Luigi Negri
Arcivescovo di Ferrara-Comacchio
Abate di Pomposa

Introduzione

«Homo sum, humani nihil a me alienum puto». Così il filosofo romano Marco Terenzio Varone definiva la sua umanità. E anche noi di CulturaCattolica.it, proprio perché consapevoli che nulla di quanto riguarda l'uomo ci può esssere estraneo, abbiamo deciso di intraprendere la difficile battaglia contro la legge sull'omofobia. In nome della libertà. Sappiamo bene che è in atto un tentativo di rivoluzione antropologica, che parte dalla educazione e che vuole impostare i criteri dell'umano cancellando l'idea della sua creaturalità. Come se l'uomo fosse un progetto disponibile a capriccio del potere e del singolo individuo, come dimostra l'atteggiamento nei confronti degli esseri umani più deboli, quando la vita non voluta viene con tanta facilità scartata, e la sua soppressione da delitto diventa diritto.

In questo tenace impegno in difesa dell'uomo e della sua immensa dignità abbiamo fatto l'esperienza di una sinergia e di una fattiva collaborazione tra molte realtà, sia cattoliche che laiche, partendo dall'esperienza della ragione umana. Una rete reale e virtuale che diventa, in questo mondo della comunicazione di massa, una efficace possibilità di incidenza, la cui vera forza sta nell'unità, e che ha come alleato il cuore dell'uomo. Non basterebbero le pagine di un libro per dare ragione di tutti coloro che, a partire dalle nostre iniziative, ci hanno scritto, colmi di gratitudine e rianimati nell'impegno.

Ed è pur vero che a volte ci sorprende la nostra fragilità di fronte all'imponenza delle forze dell'avversario, al punto di farci pensare alla lotta di Davide contro il Golia della informazione, dei vari poteri, delle organizzatissime lobby (e ci ha sorpreso quando Papa Francesco ne ha parlato denunciando l'esistenza di «lobby gay», come non ci ha lasciato indifferenti la coltre di silenzio che ha poi sommerso le sue considerazioni). Radio, televisione, fiction, Internet in tutte le varie modalità (dai blog alle testate on line a twitter) sembrano parlare un solo linguaggio, un po' come nel racconto della Torre di Babele o – più semplicemente – nella fiaba di Andersen *I vestiti dell'imperatore*. Ma, come in quella fiaba, forse il nostro fragile grido «il re è nudo» potrà smascherare la menzogna collettiva.

E la nudità del re è la menzogna sulla vita, sulla famiglia, sulla sessualità, sulla nascita e sulla morte: insomma, è una menzogna sull'uomo che lo porta alla disperazione e alla violenza, ed è soprattutto una menzogna che si impadronisce dei mezzi di una presunta legalità per silenziare le voci discordanti. «*Desertum fecerunt et pacem appellaverunt*». Questa citazione tacitiana sembra la definizione più adeguata per descrivere quanto sta accadendo attorno a noi. Per l'amore che portiamo alla vita, noi non possiamo tacere. In questo sentiamo con molta partecipazione come nostro quello che Italo Calvino diceva ne *Le città invisibili*: «L'inferno dei viventi non è qualcosa che sarà; se ce n'è uno, è quello che è già qui, l'inferno che abitiamo tutti i giorni, che formiamo stando insieme. Due modi ci sono per non soffrirne. Il primo riesce facile a molti: accettare l'inferno e diventarne parte fino al punto di non vederlo più. Il secondo è rischioso ed esige attenzione e apprendimento continui: cercare e saper riconoscere chi e cosa, in mezzo all'inferno, non è inferno, e farlo durare, e dargli spazio».

Oggi quello che sta accadendo – spesso colla connivenza di molti – è qualcosa che non ha paragone nella storia, se non nelle epoche buie dei totalitarismi sanguinari e violenti. Si sta tentando di imbavagliare la libertà di espressione (a tutti i livelli, compresa la libertà di stampa), e sembra che più nessuno sia capace di reagire. L'UNAR – come si leggerà nelle pagine di questo saggio – ha pubblicato un documento che sembra uscito dagli uffici del KGB o dalle ordinanze del MINCULPOP, e tutto sembra passare come ovvia e ordinaria amministrazione. È un mondo paralizzato dalla Medusa, e non c'è più neppure un sussulto di protesta, non ci si «indigna» più, si accetta tutto, rassegnati. Le oscure rappresentazioni del futuro narrate nei romanzi distopici sembra che abbiano proprio nella nostra epoca la piena realizzazione. Romanzi come *Il padrone del mondo* di Benson, *1984* di Orwell o *Il racconto dell'Anticristo* di Solov'ëv sembrano descrivere una cronaca quotidiana.

Lenin si chiedeva: «Che fare?», e noi abbiamo la risposta nelle parole di nostro Signore: «*praedicate super tecta!*», siano pure i tetti di Internet, i libri di CulturaCattolica.it o le iniziative e gli incontri dei *Giuristi per la vita*!

don Gabriele Mangiarotti
Direttore di *CulturaCattolica.it*

La vera emergenza

Uno Stato che pretenda di essere autenticamente liberale e di diritto deve sempre accuratamente evitare il fenomeno dell'inflazione legislativa. La vita dei cittadini va regolata per legge solo quando risulti strettamente necessario.

Non è un caso, come ricordava il giurista francese Jacques Chevallier, che, ad esempio, negli Stati Uniti «le normative devono essere valutate in funzione di tre principi: devono essere varate solo in caso di reale necessità; bisogna privilegiare nella misura del possibile altre forme meno vincolanti; ogni nuova normativa deve basarsi su un rapporto costi/benefici chiaramente definito».

Per questo il legislatore, se ha a cuore il bene comune, prima di accingersi a compiere il delicato compito che gli è affidato, deve sempre porsi una domanda: è davvero necessaria la legge che sto per varare? Risponde effettivamente ad una esigenza reale e concreta dei cittadini?

Secondo questa prospettiva occorre oggi chiedersi se il nostro Paese necessiti realmente di un intervento normativo volto a contrastare il cosiddetto fenomeno dell'omofobia e della transfobia. Esiste, come da più parti viene denunciato, una vera e propria "emergenza omofobia"?

Per rispondere a questa domanda in maniera onesta occorre sottrarsi alle sirene della propaganda ideologica, e valutare i dati oggettivi offerti dalla realtà dei fatti. Vediamo, quindi, di analizzare alcuni di questi dati.

Il 4 giugno 2013 uno dei più autorevoli e accreditati istituti americani d'indagine demoscopica, il *Pew Research Cente*r di Washington (l'attuale presidente Allan Murray è stato vicedirettore del *Wall Street Journal*) ha pubblicato uno studio intitolato "*The Global Divide On Homosexuality*" contenente i risultati di un sondaggio sull'atteggiamento verso l'omosessualità nelle principali aree geografiche del mondo.

Il dato davvero interessante è che l'Italia, secondo quello studio, si colloca nella *top ten*, tra le dieci nazioni più *gay friendly* a livello mondiale, con il 74 per cento della popolazione che dichiara la propria non ostilità all'omosessualità, ed un 18 per cento che, invece, professa un atteggiamento contrario.

Il nostro Paese si colloca un gradino sotto la liberalissima Gran Bretagna (76% a favore e 18% contro), anch'essa appena sotto la laicissima Francia (77% a favore e 22% contro). La percentuale italiana è esattamente opposta a quella russa che, con il 74 per cento della popolazione ostile all'omosessualità e solo il 16% tollerante, si conquista la maglia nera d'Europa.

Quanto poi il clima italiano sia davvero *gay friendly* almeno in politica, lo dimostra anche un dato incontrovertibile. Nel Mezzogiorno del nostro Paese, che l'immaginario collettivo dipinge come una terra culturalmente arretrata e sacca della più becera omofobia, ben due Presidenti delle due più importanti regioni, la Sicilia e la Puglia, sono omosessuali dichiarati e pubblicamente conviventi con i rispettivi partner. La circostanza, com'è noto, non ha impedito loro una brillante carriera culminata con l'elezione diretta da parte dei cittadini.

Anche a casa nostra, sempre nel giugno 2013, l'istituto demoscopico SWG pubblicava il sondaggio *Scenari di un'Italia che cambia,* dal quale emergeva che, su un campione di 1.500 italiani, un'aperta ostilità (al punto da essere definiti "nemici") nei confronti degli «evasori fiscali» per il 47%, delle «mafie» per il 46%, dei «politici» per il 32%, delle «banche», per il 31%, dei «criminali» per il 27 %, dei «poteri forti» per il 19%, dei «lobbisti», per il 18%, per i «fannulloni» per il 19%, degli «immigrati» per il 12%, delle «persone incivili» per il 10%, dell'«Unione europea» per il 5%, dei «ricchi» per il 3%, dei «grandi imprenditori» per il 2%, per i «manager» per il 2%, per i «meridionali» per l'1%, dei «settentrionali» per l'1%, per i «piccoli» imprenditori dello 0,3%.
Nessuno si è espresso contro gli omosessuali o i transessuali, o li ha dichiarati "nemici".

Un altro dato davvero rimarchevole lo si può reperire in quel documento diffusamente propagandato dall'Ufficio Nazionale Antidiscriminazione razziale (UNAR), che va sotto il nome sesquipedale di *Strategia nazionale per la prevenzione e il contrasto delle discriminazioni basate sull'orientamento sessuale e sull'identità di genere (2013-2015),* emanato in esecuzione della

Raccomandazione CM/REC (2010) 5 del Comitato dei ministri del Consiglio d'Europa, volta a combattere la discriminazione fondata sull'orientamento sessuale o l'identità di genere.

Il punto interessante sta nel fatto che l'intera *Strategia Nazionale* delineata nel documento dell'UNAR poggi su un assioma ritenuto fondamentale ed incontrovertibile: esiste nel nostro Paese una grave e allarmante emergenza omofobia. Peccato che l'assunto venga repentinamente smentito dallo stesso UNAR nel citato documento attraverso tre dati.

Il primo è tratto da una ricerca ufficiale elaborata dall'ISTAT nel 2012 intitolata "*La popolazione omosessuale in Italia*" e presentata presso la Camera dei Deputati il 17 maggio 2012, in occasione della Giornata internazionale contro l'omofobia. Si tratta della prima indagine sulla materia a livello nazionale, finanziata dal Dipartimento per le Pari Opportunità, dalla quale risulterebbe, tra l'altro, che «*il 60% della popolazione italiana ritiene accettabile una relazione tra due uomini o tra due donne*». Con buona pace dell'omofobia!

Il secondo dato scaturisce dall'affermazione secondo cui «*le indagini sociologiche degli ultimi anni mostrano una tendenziale accettazione, sempre maggiore, tra i giovani dei comportamenti omosessuali*». Quindi, anche in questo caso, niente omofobia.

Il terzo dato è costituito dall'incontrovertibile circostanza che l'UNAR è costretta *obtorto collo* ad ammettere: «*non risultano, al momento, casi accertati di discriminazione per l'accesso all'alloggio, nel lavoro pubblico o privato*». Per i solerti redattori della *Strategia* quest'ultimo dato non è la prova dell'inesistenza di forme di discriminazione. Anzi, è la prova principe, semmai, del contrario: «Questa assenza di dati prova, infatti, la ritrosia che hanno, in primo luogo, le vittime», ed è evidente, quindi, la necessità di efficaci ed esemplari azioni investigative e repressive. Anche all'UNAR tengono famiglia, e quindi in qualche modo devono giustificare i soldi pubblici profusi per mantenere in vita quell'Ufficio. Sta di fatto che non potendosi registrare neppure un singolo caso di discriminazione nel campo dell'«accesso all'alloggio, nel lavoro pubblico o privato», il fenomeno lo si deve necessariamente presumere e far assurge a fatto talmente diffuso ed allarmante da imporre misure drastiche. Il trucco è vecchio come il mondo: quando la realtà non corrisponde ai desiderata del potere, basta manipolarla. E così un fenomeno che non esiste nella statistica diventa improvvisamente un'emergenza nazionale. Roba da far imbarazzare – *si parva licet* – persino il *Reichsministerium für Volksaufklärung und Propaganda* di quel malefico genio della manipolazione che fu il dottor Joseph Goebbels.

Infine, il dato più recente. Su sollecitazione del senatore Carlo Giovanardi, il governo italiano ha trasmesso alla Commissione Giustizia del Senato un documento dell'OSCAD, (vedremo in seguito di cosa si tratta), organismo che dal 2010 monitora tutte le segnalazioni di presunti reati a sfondo discriminatorio motivati da origine etnica o razziale, genere, convinzioni religiose, orientamento sessuale, identità di genere, disabilità, età, lingua, e via dicendo... Il documento certifica che in più di tre anni di attività dell'osservatorio sono pervenute 83 segnalazioni (una media di 28 all'anno), relative complessivamente ad asserite offese, aggressioni, lesioni, istigazione alla violenza, danneggiamenti, casi di suicidio e minacce relativi all'orientamento sessuale. Si tratta di un caso all'anno in media ogni 2 milioni di italiani. Difficile davanti a questi dati parlare di emergenza nazionale.

Il vezzo di utilizzare numeri falsi a scopo propagandisco, del resto, non è solo tipicamente italiano. In Francia, ad esempio, mentre divampava la polemica sulla legalizzazione dei matrimoni omosessuali, la potentissima associazione gay *SOS Homophobie* gridava a tutti i venti che nel 2012, rispetto al 2011, si erano verificati il 27% di atti omofobi in più, e su questo assunto ha lanciato una una campagna mediatica martellante. Peccato per loro che nel dicembre 2013 è stato poi pubblicato il *Rapport 2012 de l'Observatoire national de la délinquance et des réponses pénales* (ONDRP), che smentisce platealmente quei dati. L'Osservatorio è un Dipartimento dell'*Institut national des hautes études de la sécurité et de la Justice*, ente pubblico del governo francese. Ebbene, da quel rapporto si evince che «dal 2006 al 2012, solo lo 0,4% delle persone a partire dai 14 anni ha dichiarato di essere stato vittima di insulti, tra cui anche offese a carattere omofobo». Il tasso per quanto riguarda il 2012 si attesta allo 0,3%, in calo rispetto allo 0,4% registrato nel precedente periodo 2006-2011.

La realtà, quindi, smentisce nei fatti la sussistenza nel nostro Paese di un'emergenza omofobia. Semmai, se proprio di un'emergenza si vuole parlare, sarebbe forse più opportuno accendere i riflettori sull'emergenza "eterofobia". Da quando, infatti, è cominciata la discussione sul DDL Scalfarotto in tema di contrasto all'omofobia e transfobia si sono verificati gravi episodi di intolleranza nei confronti non solo di chi si oppone al tentativo di introdurre leggi liberticide in materia di orientamento sessuale, ma anche di chi semplicemente sostiene che l'unica forma naturale di sessualità sia quella tra un uomo e una donna.

Alcuni casi meritano di non essere dimenticati.

Caso Piccinelli

Ospedale Sant'Anna di Cona, in provincia di Ferrara. Il 23 luglio 2013 don Stefano Piccinelli, Cappellano di quel nosocomio, affigge in bacheca il testo dell'appello per fermare la proposta di legge contro l'omofobia e la transfobia, lanciato dai Giuristi per la Vita attraverso la Nuova Bussola Quotidiana e CulturaCattolica.it.

Quel gesto coraggioso provoca l'ira stizzita della lobby omosessualista, e ovviamente l'immediata rimozione dell'appello.

I primi a reagire sono Massimiliano De Giovanni e Cristina Zanella, rispettivamente presidenti di *Circomassimo-Arcigay* e *Arcilesbica Ferrara*, i quali scrivono una lettera al Dott. Gabriele Rinaldi, direttore dell'Azienda Ospedaliero-Universitaria di Ferrara, il cui contenuto, per alcuni versi illuminante, merita di essere letto:

> Gent.le Dott. Rinaldi,
> attraverso questa e-mail *Circomassimo-Arcigay* e *Arcilesbica Ferrara* vuole esprimere il proprio sdegno nei confronti del volantino affisso dal cappellano dell'ospedale di

Cona nel tentativo di fermare il disegno di legge che introdurrà in Italia il reato di omofobia e transfobia.
Don Stefano Piccinelli ha promosso in un luogo pubblico un'iniziativa fortemente discriminatoria contro gay, lesbiche e transessuali, amplificando l'appello del sito di informazione cattolica "*La Nuova Bussola Quotidiana*".
L'etica che scaturisce da questi atteggiamenti e comportamenti è agli antipodi dal messaggio morale cristiano, ma ancor più grave è che l'invito omofobico sia stato lanciato dal nuovo Polo Ospedaliero Sant'Anna, che ci auguriamo possa prendere provvedimenti immediati.
Senza libero pensiero e senza libera espressione non vi è democrazia. Ma la stessa democrazia è perduta se non si frenano le pericolose tendenze a manifestare odio e intolleranza.
Il diritto di esprimere il proprio pensiero deve essere attentamente bilanciato con la necessità di garantire comunque il rispetto della dignità e dell'uguaglianza per tutti. E il volantino affisso da don Piccinelli all'interno dell'ospedale della nostra città non va certamente in questa direzione.
Ferrara è da sempre attenta a condividere e promuovere il principio dell'uguaglianza. Lo ha dimostrato istituendo già nel 2006 l'Elenco delle Unioni Civili, e lo ha ribadito nel 2011 grazie al *Protocollo Interistituzionale per il Contrasto alla Omofobia* (P.I.C.O.) siglato tra *Circomassimo-Arcigay* e *Arcilesbica Ferrara*, Famiglie Arcobaleno Ferrara, Agedo Ferrara, Provincia di Ferrara, Comune di Ferrara, Università degli Studi di Ferrara, CGIL – Area nuovi diritti Ferrara, UIL Ferrara, Uisp – Comitato Provinciale di Ferrara, Centro Donna Giustizia e Centro d'Ascolto Uomini Maltrattanti.
Tra i nuovi importanti firmatari che stanno per aderire a questo processo di cambiamento, troviamo sia la AUSL Ferrara sia l'Azienda Ospedaliero-Universitaria Ferrara, il che rende ancora più deprecabile l'azione di don Piccinelli.

In gioco non c'è la violazione della libertà di espressione del pensiero e del credo religioso, ma sono piuttosto a repentaglio le vite di gay, lesbiche e transessuali.
L'omofobia è assimilabile a razzismo, xenofobia, antisemitismo, sessismo, e trova terreno fertile nel pregiudizio.
Essere bersaglio di un odio ingiustificato produce delle conseguenze negative sulla persona: malessere, esclusione, disagio.
La discriminazione ha come conseguenza l'esclusione di omosessuali e transessuali, e investe trasversalmente la nostra società, dalla scuola al mondo dello sport e del lavoro: un fenomeno che appare ancor più drammatico in quanto coinvolge spesso ragazze e ragazzi giovanissimi e per questo sprovvisti degli strumenti culturali e del necessario sostegno sociale e familiare per affrontare uno stigma ingiusto e violento.
Se negli Stati Uniti le dichiarazioni del presidente Barack Obama rendono i comportamenti omofobici sempre più anacronistici, nel nostro paese l'intolleranza della Chiesa e l'indulgenza del Parlamento incoraggiano la moltiplicazione delle aggressioni a gay, lesbiche e transessuali.
I media hanno dato ampio spazio alla vicenda tragica del "ragazzo coi pantaloni rosa", il quindicenne romano preso in giro dai compagni per il suo modo di vestire, che un pomeriggio del novembre scorso ha scelto di impiccarsi, stanco di subire insulti e di essere considerato inadeguato.
Ma i dati sono ben più allarmanti: nel 2012 ci sono stati sette gli omicidi per omofobia e transfobia, tre già in questo 2013, per non parlare delle tante aggressioni testimoniate dalla stampa, dei pestaggi taciuti, dei sempre più diffusi casi di bullismo.
Circomassimo-Arcigay e *Arcilesbica Ferrara* prende le distanze dal gesto sconsiderato di don Stefano Piccinelli, preferendo rimanere vicina a tutti quei ragazzi che hanno deciso di agire – nonostante in Italia manchi ancora una legge contro l'omofobia e la transfobia – denunciando quanto subito, come il sedicenne di Arezzo pestato da un coetaneo; i ragazzi del liceo classico Vivona di Roma insul-

tati e derisi sui social network per avere realizzato un video contro il bullismo; il diciassettenne del liceo scientifico Scotti-Einstein di Ischia insultato sui muri della scuola dove aveva osato candidarsi a rappresentante d'istituto (nello stesso liceo in cui qualche anno fa un altro ragazzo si era impiccato perché messo all'indice dai compagni); il sedicenne di Vicenza oggetto di ogni vessazione da parte di un gruppo di cinque compagni di scuola; il quattordicenne di Gorizia insultato dai coetanei perché considerato troppo poco macho.

Gli italiani devono prendere atto che tra i propri amici, parenti o vicini di casa possono esserci gay, lesbiche o transessuali, e che tutti hanno la stessa dignità e devono avere gli stessi diritti. Perché omosessuali e transessuali sono uomini e donne che amano, soffrono, desiderano costruire una famiglia esattamente come gli altri.

È diventato ineludibile affrontare un problema che da tempo le associazioni a tutela delle persone LGBT denunciano: l'Italia non riconosce e non tutela le coppie gay. Per questo, agli occhi della comunità omosessuale internazionale, il nostro è un paese arretrato e incivile.

Crediamo che l'omofobia e la transfobia si combattano con l'educazione: è per questo che, in attesa di una legge che tuteli anche in Italia gay, lesbiche e transessuali, *Circomassimo-Arcigay* e *Arcilesbica Ferrara* continuerà a lavorare affinché la società impari a conoscere maggiormente la realtà delle persone omosessuali. Perché solo la conoscenza può contribuire a sradicare i comportamenti intolleranti.

Lo facciamo sostenendo con Famiglie Arcobaleno i laboratori organizzati nelle scuole superiori di Ferrara dall'Associazione genitori, parenti e amici di omosessuali (Agedo).

Lo faremo giovedì 25 luglio, presso la libreria Ibs, incontrando lo scrittore Sebastiano Mauri per l'ultimo appuntamento con *Drink a Book: Notturni letterari a tematica gay, lesbica e transessuale.*

> L'impegno di Arcigay Ferrara continuerà anche in autunno grazie a TAG – *Festival di Cultura Omosessuale*, progettato in collaborazione con Palazzo della Racchetta: la manifestazione si terrà dal 4 al 6 ottobre 2013, all'interno del Festival "*Internazionale a Ferrara*", e sarà un'occasione privilegiata per infondere l'importanza del confronto e aprire un dialogo con chi non ha ancora gli strumenti per conoscere e capire la realtà del mondo gay. La manifestazione promuoverà incontri e dibattiti con volti noti della stampa e della televisione per educare tutti alla diversità. Anche don Stefano Piccinelli, ci auguriamo.

La risposta delle istituzioni al «gesto sconsiderato» di don Stefano Piccinelli non si è fatta attendere. La Presidente della Provincia, Marcella Zappaterra e l'assessore ai Servizi sociali, Caterina Ferri, che dopo aver ringraziato le citate associazioni omosessualiste per l'attenzione dimostrata esprimono il loro «sconforto» per il comportamento dello stesso don Piccinelli:

> Il volantino affisso dal cappellano dell'ospedale di Cona in contrasto con il disegno di legge per introdurre anche in Italia il reato di omofobia e transfobia, ci sconforta dal momento che la Provincia di Ferrara dal 2011 coordina il Protocollo interistituzionale per il contrasto all'omofobia. Un impegno e una condivisione che riaffermiamo con forza anche di fronte a questa circostanza, che rischia di alimentare comportamenti e atteggiamenti fortemente discriminatori e lesivi della dignità umana.

Presidente della Provincia e Assessore dichiarano quindi di condividere le preoccupazioni espresse da Circomassimo-Arcigay Arcilesbica di Ferrara nella lettera inviata alla dirigenza dell'Azienda ospedaliero universitaria, pur dovendosi comunque affermare «l'assoluta estraneità della stessa Azienda rispetto a quanto accaduto». Precisano, infine, di condividere il richiamo ad «una doverosa sorveglianza affinché la libera espressione di idee e opinioni non si trasformi in occasione di discriminazione o di intolleranza, di qualsiasi genere».

Il Circolo di Sinistra Ecologia Libertà di Ferrara e il sindacato Cgil intervengono invece sulla discussione politica legata alla approvazione della legge contro l'omofobia: Sel per sottolineare «che l'Italia non può più permettersi di rimanere ai margini dell'Unione Europea in tema di riconoscimento e protezione dei diritti civili», la Cgil per ricordare che «quasi tutti i paesi europei vietano l'omofobia».

E potevano forse mancare i Giovani Democratici del Pd ferrarese? Certo che no. Dopo essersi dichiarati «sgomenti di fronte a posizioni ostili e contrarie» alla proposta di legge antiomofobia, hanno spiegato che «l'introduzione del reato di omofobia non implica, purtroppo, equiparazione dell'unione omosessuale al matrimonio eterosessuale, non consente ad una coppia gay di creare la propria famiglia, ma mette nero su bianco che a comportamenti offensivi, violenti e discriminatori corrispondono delle conseguenze legali». Per i giovanotti del Pd «un Paese che non si dota di una legge di questo tipo consente ad una persona di discriminarne un'altra sulla base di un aspetto della vita privata che non ha alcun tipo di influenza né sul modo di rapportarsi agli altri, né sulla qualità del proprio lavoro». Per questo motivo «leggere il volantino affisso dal cappellano don Piccinelli e le posizioni ostili di alcune forze politiche riporta il nostro paese indietro negli anni, ingessato su una discussione che non solo non affronta la questione ormai evidente della necessità di dare a tutti gli stessi diritti, ma addirittura si pone il tema se sia giusto o meno considerare reato degli evidenti episodi discriminatori».

A questo punto anche il lettore distratto si chiederà quale fosse il contenuto osceno dell'appello affisso dal povero don Stefano. Una legittima curiosità che merita di essere soddisfatta:

> La Commissione Giustizia della Camera dei Deputati ha approvato il testo base del DDL contro l'omofobia e la transfobia, testo che andrà all'esame dell'Aula il prossimo 22 luglio. Il termine per gli emendamenti scade martedì 16 luglio.
>
> In previsione di tale importante passaggio parlamentare, i Giuristi per la Vita – insieme a *La Nuova Bussola*

Quotidiana e a *CulturaCattolica.it* – lanciano un appello per fermare questa iniziativa legislativa, che rischia seriamente di avere gravi ripercussioni sui diritti fondamentali dell'uomo riconosciuti dalla nostra Costituzione, tra cui il diritto alla libertà di pensiero (art. 21) e alla libertà religiosa (art. 19).

Dal punto di vista pratico, infatti, l'approvazione delle norme contro l'omofobia e la transfobia potrebbe determinare l'incriminazione, ad esempio, di tutti:

1. coloro che sollecitassero i parlamentari della Repubblica a non introdurre nella legislazione il "matrimonio" gay;
2. coloro che proponessero di escludere la facoltà di adottare un bambino a coppie omosessuali, atteso che, secondo l'approccio ideologico appena recepito dalla Corte Suprema degli Stati Uniti, non ammettere una coppia gay al matrimonio costituirebbe discriminazione motivata dall'identità sessuale;
3. coloro che pensassero di organizzare una campagna di opinione per contrastare l'approvazione di una legge sul "matrimonio" gay;
4. coloro che pubblicamente affermassero che l'omosessualità rappresenta una «grave depravazione», citando le Sacre Scritture (Gn 19,1-29; Rm 1,24-27; 1 Cor 6,9-10; 1 Tm 1,10.);
5. coloro che pubblicamente dichiarassero che gli atti compiuti dagli omosessuali «sono intrinsecamente disordinati», in virtù del proprio credo religioso (Sacra Congregazione per la Dottrina della Fede, Dich. Persona humana),
6. coloro che pubblicamente sostenessero che gli atti compiuti dagli omosessuali sono «contrari alla legge naturale», poiché «precludono all'atto sessuale il dono della vita e non costituiscono il frutto di una vera complementarietà affettiva e sessuale» (art. 2357 del Catechismo della Chiesa Cattolica).

Le norme che si intendono approvare rispondono ad una mera prospettiva ideologica, del tutto inutile sul piano legale, godendo gli omosessuali degli strumenti giuridici previsti dal codice penale per i tutti i cittadini, contro qualunque forma di ingiusta discriminazione, di violenza, di offesa alla propria dignità personale. La proposta di legge sull'omofobia, pertanto, non merita di entrare nel nostro ordinamento.

Opporvisi non è una battaglia di retroguardia, tesa a garantire chissà quale privilegio o quale ingiustificata impunità, ma significa battersi contro il rischio di una pericolosa violazione della libertà di espressione del pensiero e del credo religioso, fondamento di tutte le libertà civili nel quadro costituzionale vigente. La cronaca, del resto, mostra ampiamente cosa accade nei Paesi europei in cui è già prevista una legge contro l'omofobia: basti guardare al Regno Unito ed alla famigerata Section 5 del *Public Order Act*.

Per questo, i Giuristi per la Vita si appellano ai parlamentari della Repubblica italiana, e a tutti gli uomini di buona volontà, affinché venga scongiurato il rischio dell'introduzione di una simile normativa nel nostro ordinamento giuridico.

C'è da chiedersi quale sia la visione di "Stato democratico" che hanno in mente l'Arcigay, Sel, la Cgil e i giovani del PD, se arrivano a contestare e negare ad alcuni cittadini la stessa possibilità di opporsi ad una proposta di legge che deve essere valutata, discussa e approvata dal parlamento. Forse quello che hanno in mente è il modello di "democrazia" prodotto dalle ideologie totalitarie che hanno insanguinato il XX secolo. Se così fosse, dovrebbero aggiornarsi perché quel modello si è già rivelato tragicamente fallimentare.

Sempre a proposito del «gesto sconsiderato» di don Stefano Piccinelli occorre registrare persino un intervento a livello nazionale da parte dell'associazionismo gay. A parlare è stato lo stesso Presidente dell'Arcigay, Flavio Romani, che in un'intervista resa il 24 luglio 2013 a *La Nuova Ferrara*, ha definito quello di don Stefano un «atto scorretto e inqualificabile», volto a «difendere non il diritto alla libertà di opinione ma il diritto all'offesa».

Per Romani l'atto è addirittura «inqualificabile, nella forma e nella sostanza». Sul piano formale, infatti, secondo Flavio Romani, «mettere un volantino del genere, su un tema delicato e di attualità come la legge contro l'omofobia, in un luogo sacro e per di più carico di sofferenza come un ospedale è un'azione scorretta, cinica e molto lontana dalla pietas cattolica». Anche nei contenuti Romani appare *tranchant*: «Quel volantino è pieno di falsità e di nozioni semplificate al massimo fino a diventare slogan senza verità. Si sostiene che la legge contro l'omofobia limiterebbe la libertà di espressione e di opinione. È una bugia. La legge contro l'omofobia altro non è che l'estensione della legge Mancino alle fattispecie degli omosessuali e dei transessuali». Sempre Flavio Romani ne ha anche per i Giuristi per la Vita: «È un gruppo che porta avanti diverse battaglie cercando di interpretare le norme costituzionali in funzione del loro credo religioso, mistificandone i contenuti. Il fatto grave è che tra questi "Giuristi per la Vita", una definizione che per me ha senso tanto quanto quella di "Matematici cattolici" per dirne una, ci sono nomi anche importanti legati a prestigiosi Atenei. Quando invece tutto ciò che regola la società civile di uno Stato laico non dovrebbe essere oggetto di letture religiose scambiate per dottrine giurisprudenziali».

Lo stesso presidente nazionale dell'Arcigay sostiene che i pericoli denunciati dai Giuristi per la Vita sono «un falso», perché «una cosa è esprimere un'opinione, un'altra è incitare all'odio e alla violenza», e comunque «le convinzioni legate alla propria fede religiosa per fortuna sono protette dalla nostra democrazia». Stando, quindi, al Presidente nazionale dell'Arcigay, cattolici e religiosi possono dormire sonni tranquilli. In realtà, però, non sembrerebbe proprio così nel passaggio successivo della stessa intervista, quando, tolta la maschera dello slogan ipocrita della libertà tutelata dalla Costituzione, aggiunge: «Spesso e volentieri esponenti del clero nei confronti degli omosessuali usano parole che sconfinano nel disprezzo e nella violenza. Dare del malato e del depravato a una persona, o attribuire una sorta di inferiorità morale a una minoranza è come fornire un motivo per passare alla violenza. Invocando il rischio del reato di opinione si ricorre al vittimismo per tutelare la libertà di insulto». Per il Presidente nazionale dell'Arcigay sarebbe un atto di omofobia – da perseguire per legge – affermare che l'omosessualità rappresenti una «grave depravazione», citando le Sacre Scritture (Gn 19,1-29; Rm 1,24-27; 1 Cor 6,9-10; 1 Tm 1,10), o dichiarare che gli atti compiuti dagli omosessuali siano «intrinsecamente disordinati», (Sacra Congregazione per la Dottrina della Fede, *Dich. Persona humana*), o sostenere che tali atti siano «contrari alla legge naturale», poiché «precludono all'atto sessuale il dono della vita e non costituiscono il frutto di una vera complementarietà affettiva e sessuale» (art. 2357 del Catechismo della Chiesa Cattolica).

Non osiamo neppure immaginare, poi, cosa Flavio Romani possa pensare dell'espressione usata il 22 maggio 2010 dall'allora Cardinal Bergoglio, oggi Papa Francesco, a proposito del matrimonio omosessuale, definito come «il rifiuto totale della legge di Dio, incisa anche nei nostri cuori», «un tentativo distruttivo del disegno di Dio», «una mossa del padre della menzogna che cerca di confondere e d'ingannare i figli di Dio», contro cui va invocata una «guerra di Dio». Poiché tutto ciò potrebbe «incitare all'odio e alla violenza» – questo il ragionamento di Flavio Romani – andrebbe vietato per legge.

Evidentemente il Presidente nazionale dell'Arcigay, forse offuscato da odio ideologico, non ha letto attentamente l'appello dei Giuristi per la Vita affisso da don Stefano. Se avesse avuto la compiacenza di farlo si sarebbe reso conto di confermare, con le sue parole, le preoccupazioni che in esso sono state puntualmente denunciate.

A rompere l'assordante e imbarazzante silenzio da parte della gerarchia cattolica sulla vicenda del disegno di legge contro l'omofobia e la transfobia ci pensa, *ça va sans dire*, ancora una volta il coraggioso mons. Luigi Negri, Arcivescovo di Ferrara-Comacchio, che attraverso la sua autorevole voce continua a dimostrare di essere un vero testimone della Verità, e un autentico punto di riferimento per i numerosi fedeli oggi sempre più in preda ad un vertiginoso smarrimento.

Il 25 luglio 2013, ovvero il giorno successivo agli sproloqui di Romani su "La Nuova Ferrara", mons. Negri interviene, quale «semplice cittadino» dalle pagine di "Libero", con un articolo dal titolo evocativo: *Legge sull'omofobia: fine della democrazia?* Un pezzo magistrale che merita la citazione:

> I rappresentanti del popolo italiano si accingono a discutere in questi giorni il disegno di legge sulla omofobia. Un semplice cittadino ritiene doveroso offrire alcune linee di lettura della vicenda culturale e sociale che appare gravissima.
>
> La libertà di coscienza, con la conseguente libertà di opinione, di scelte culturali e religiose, costituisce la base di quella sana laicità che l'occidente ha recuperato dopo secoli di fatiche, di tensioni e di violenze. È certamente e profondamente inesatto pensare che questo esito sia stato contestato o contrastato dalla chiesa cattolica, che invece ha dato a questo cammino il contributo di una grande tradizione di vita e magisteriale.
>
> Il laicismo dovrebbe invece spiegarci, e non lo ha fatto finora in modo assolutamente dignitoso, perché dal suo ventre molle è fermentata, oltre al desiderio di una sana laicità, quella serie di posizioni ideologiche totalitarie, con conseguenti sistemi statali, che hanno massacrato, lungo tutto il ventesimo secolo, milioni di persone colpevoli di non aderire alle ideologie di Stato proprio in forza delle loro personalissime e liberissime convinzioni ed opinioni. Sono state massacrate a milioni, e continuano ad esserlo nelle varie parti del mondo, da ciò che rimane delle ideologie totalitarie e dalle religioni deviate. Il ventesimo secolo Robert Conquest lo ha giustamente definito «il secolo delle idee assassine».
>
> Oggi su questa sana laicità del nostro popolo e della nostra società incombe un pericolo gravissimo. Lo Stato per difendere "una certa opzione" e i suoi sostenitori, specificamente coloro che professano teoricamente l'omosessualità e la praticano nella società, penalizza in maniera gravissima e irreversibile le altre opinioni e le altre opzioni. Per intenderci: chi continuerà a fare riferimento alla grande tradizione eterosessuale dell'occidente, che ha trovato nel magistero della chiesa cattolica e nella pratica della vita

cristiana in questi secoli una grande e significativa testimonianza, rischia di essere inquisito se esprime pubblicamente le proprie convinzioni. Tanto per intenderci: i sacerdoti e i vescovi che nell'ambito delle celebrazioni liturgiche pubbliche citeranno brani di San Paolo inerenti alla scorrettezza delle posizioni omosessuali, o il Catechismo della Chiesa Cattolica o buona parte della Dottrina Sociale della Chiesa, potrebbero essere denunciati alle autorità pubbliche da zelanti omosessuali presenti.

Si profila quindi per la prima volta, a più di settant'anni dalla fine del regime fascista, il reato di opinione che evoca i tempi torbidi delle ideologie statali che sembravano superati per sempre. Tempi in cui lo Stato, scegliendo posizioni ideologiche, le imponeva o comunque sacrificava quelle non coincidenti con la sua. Questa è la situazione.

Il nostro popolo rischia di perdere quella libertà di espressione fondamentale, di scelte, di opzioni, di opinioni e di concezioni della vita che, ripeto, costituiscono il nucleo profondo dell'esperienza laicale.

Si sta forse perdendo la libertà? Non dico che è certo, dico che è possibile. E mentre la libertà corre questo rischio, in che posizione si sta mettendo la cristianità italiana? Ha dimenticato forse l'insegnamento di Giovanni Paolo II nella "*Centesimus annus*"? Tutte le volte che si lavora per la propria libertà si lavora per la libertà di tutti e tutte le volte che si perde o si vede ridotta la propria libertà, la si perde o la si riduce per tutti.

Mentre si avvia questo importantissimo snodo della nostra vita sociale, forse vale la pena ricordare a questi nostri rappresentanti che negli ultimi tre anni sono stati più di centomila i cristiani massacrati in spregio alla libertà di coscienza nella stragrande maggioranza dei Paesi del mondo. Questi sono i problemi reali. Che la questione della difesa dell'omosessualità costituisca un problema per la nostra società è quello che aspetto di capire dalla lettura del disegno di legge e soprattutto dall'esito della discussione.

Tristemente scontato l'ingiurioso coro di insulti e improperi indirizzato contro mons. Luigi Negri dalla furia ideologica e intollerante delle Erinni omosessualiste. «Divertente ma tragico», «senza nessuna pietà», «quasi umoristico», questo il tenore degli epiteti scagliati a mezzo stampa contro l'Arcivescovo di Ferrara, esposto al pubblico ludibrio da personaggi della fatta di Flavio Romani, Presidente nazionale dell'Arcigay.

Tutto ciò è la prova di quanto l'omosessualità sia ormai divenuta un tema ad alta tensione nel senso letterale del termine, una questione da 30.000 Volt, per cui è sufficiente toccare i fili per morire. Ed è anche la prova provata del motivo di tanto codardo silenzio da parte di molte altre autorevoli voci. Possiamo anche dire che quanto capitato a mons. Luigi Negri rappresenta solo un pallido anticipo di ciò che potrebbe accadere nella denegata e malaugurata ipotesi in cui il parlamento italiano dovesse approvare il testo di legge contro l'omofobia e la transfobia passato alla Camera dei Deputati. Oggi si continua falsamente a sostenere che quelle norme controverse non intaccherebbero il diritto alla libertà di opinione e di credo religioso sanciti dagli art. 19 e 21 della nostra Costituzione. A smentire questa graziosa *historiette* si è incaricato direttamente lo stesso Presidente nazionale dell'Arcigay, con le citate affermazioni sulle parole degli «esponenti del clero nei confronti degli omosessuali» «che sconfinano nel disprezzo e nella violenza», perché, come abbiamo visto, secondo Romani «attribuire una sorta di inferiorità morale a una minoranza è come fornire un motivo per passare alla violenza». Questo è il pericoloso argomento con cui un domani si potrà condannare chiunque sottoponesse pubblicamente l'omosessualità a un giudizio etico-morale di riprovazione.

L'idea che l'affermazione pubblica di simili tesi possa diventare motivo di incitazione all'odio e alla violenza è assai pericolosa. Lo sa bene, ad esempio, un confratello di mons. Luigi Negri. Si tratta di mons. Philip Boyce, Vescovo di Raphoe, antica diocesi irlandese fondata da Sant'Adamnano, che a marzo del 2012 è stato ufficialmente inquisito per alcune parole pronunciate durante un'omelia tenuta presso il Santuario di Nostra Signora di Knock, in occasione di una novena mariana. L'accusa formale è stata quella di violazione del *Prohibition of Incitement to Hatred*

Act del 1989, la legge irlandese che contrasta l'incitazione all'odio, a causa di due frasi pronunciate nell'omelia, ovvero quella in cui mons. Boyce aveva sostenuto che la «Chiesa cattolica irlandese è aggredita dalle frecce di una cultura laicista e senza Dio», e quella in cui lo stesso Vescovo aveva affermato che «il segno distintivo dei credenti cristiani sta nel fatto che essi hanno una prospettiva futura, perché sanno che, in linea di principio, la loro vita non finirà nel vuoto». In quelle frasi qualcuno ha voluto intravvedere la «cronica avversione nei confronti dei laici, degli atei, degli agnostici, ecc., che ha portato all'ostracismo di tutti gli altri bravi cittadini irlandesi che non condividono gli obiettivi della pastorale ecclesiastica irlandese diretta dal Vaticano», nonché «l'esistenza di un vero e proprio pregiudizio dei cattolici e dei cristiani in generale nei confronti di agnostici ed atei, imputabile alla propaganda ostile diffusa nelle scuole e nei luoghi di culto dalle Chiese istituzionali». Per questi motivi il magistrato (*Director of Public Prosecutions*) cui la polizia ha trasmesso gli atti, ha deciso di aprire una formale indagine a carico del Vescovo di Raphoe.

Questo è lo scenario futuro che ci attende se a personaggi del calibro del Presidente nazionale dell'Arcigay venisse consegnata un'arma legale come il *Prohibition of Incitement to Hatred Act 1989,* ossia una legge volta a punire l'incitamento all'odio.

In Italia, molto probabilmente, tra i primi a finire del mirino di una simile normativa ci sarebbe mons. Luigi Negri, anche se siamo certi, conoscendolo, che neppure il rischio di una denuncia penale potrebbe fermare la sua ostinata volontà di rendere pubblicamente ragione di una fede pienamente accolta, interamente pensata e fedelmente vissuta.

Non saranno da meno i semplici sacerdoti, almeno quelli che hanno ancora il coraggio di testimoniare la propria fede, come ha dimostrato don Stefano Piccinelli, il quale non arretrerà certo di fronte agli effetti liberticidi di una futura legge. Lo ha dichiarato senza mezzi termini in un'intervista rilasciata al settimanale "Tempi" il 2 agosto 2013. Così ha risposto alla domanda del giornalista che gli chiedeva se intendesse continuare a dire pubblicamente ciò che pensa: «Finché la legge non passerà, introducendo un reato di opinione e discriminando tutti, nessuno può impedirmelo; nessuno può vietare a un cittadino di appendere un appello perché pensa che una norma sia sbagliata», e «comunque vada la legge, la Chiesa, avendo a cuore l'uomo, dovrà continuare a difenderlo, dicendo la verità su di esso». Secondo don Stefano nessuna legge degli uomini potrà mai impedirgli di avvertire «la necessità e il dovere di indicare a tutti la via per la felicità, che è la sequela a Gesù, alla bellezza e non al mero istinto possessivo». Finché ci saranno simili sacerdoti esisterà ancora un barlume di speranza per il destino dell'uomo.

Caso Razeto Ronchi

Domenica 22 settembre a Casale Monferrato si svolge il convegno dal titolo *Gender, omofobia, transfobia: verso l'abolizione dell'uomo*. L'iniziativa è promossa dal Movimento per la vita, Alleanza Cattolica, Comunione e Liberazione, con il patrocinio della Pastorale della Salute e Pastorale Sociale della Diocesi di Casale Monferrato. Relatori sono l'Avv. Giorgio Razeto, membro dei Giuristi per la Vita ed il Prof. Mauro Ronco.

La recente approvazione alla Camera, avvenuta il 19 settembre 2013, della proposta di legge contro l'omofobia e la transfobia rende il clima generale incandescente ed infonde una certa dose di arroganza al fronte omosessualista.

Ne risente il citato incontro di Casale Monferrato, che viene rovinato a causa di un ignobile, violento e vergognoso attacco da parte di alcuni contestatori. Una becera gazzarra allestita da attivisti dei movimenti per i diritti dei gay, tra cui il coordinamento Torino Pride LGBT, il collettivo AlterEva e l'associazione Arcigay.

Ne dà un dettagliato resoconto "Il Monferrato" del 25 settembre 2013:

> Come da previsioni, è stato un convegno di fuoco, quello organizzato, domenica sera, dal Movimento per la vita, Alleanza Cattolica, Comunione e Liberazione e con il patrocinio della Pastorale della Salute e Pastorale Sociale della

Diocesi di Casale, sul tema *"Gender, omofobia, transfobia: verso l'abolizione dell'uomo?"*.
Circa un'ottantina di contestatori – appartenenti a partiti (Sel, Pd e GD) e a numerosissime associazioni – hanno atteso al di fuori dell'auditorium San Filippo l'arrivo dei partecipanti e del sindaco Giorgio Demezzi (subito salutato con un ironico applauso e al grido di «Buone elezioni!») distribuendo volantini e mostrando, silenziosamente, cartelli di protesta appesi al collo. Dopo il saluto iniziale di Margherita Garrone (presidente MpV), la quale ha subito manifestato la preoccupazione verso una «legge che ci sta arrivando addosso senza la possibilità di valutare», il responsabile della Pastorale sociale don Gigi Cabrino ha introdotto i relatori precisando la posizione della Diocesi: «Qualche giorno fa "Il Monferrato" riportava di un comunicato dell'Arcigay nel quale si domandava quale era la posizione della Diocesi di Casale. È la stessa della Chiesa: estrema misericordia e apertura nel rispetto, però, della dottrina. Non esprimiamo giudizi. Sappiamo però che una legge può influire sulla cultura e riteniamo utile confrontarci in una serata informativa come questa. Ecco perché la Diocesi ha dato il suo patrocinio».
Intanto, i contestatori, aumentati nel frattempo, entravano in auditorium prendendo posto nelle ultime file.
Primo intervento previsto quello dell'avvocato e bioeticista Giorgio Razeto. Dopo aver brevemente mostrato l'iter del ddl sull'omofobia (approvato alla Camera lo scorso 19 settembre), Razeto è subito entrato nel vivo mostrando i fondamenti della teoria gender. Primo: non esiste una natura umana perché l'uomo è un prodotto della cultura. Secondo: non esistono differenze sessuali in quanto si è uomo o donna solo se ci riconosce come tali indipendentemente dalle identità fisiche. Terzo: l'uomo è oppressore della donna. Fin qui tutto liscio.
Il ragionamento di Razeto è poi proseguito arrivando a toccare un tasto dolente: se, passando dall'oggettivismo al soggettivismo, ognuno ha il diritto di decidere la propria natura sessuale, nulla vieta, a livello teorico, che vi sia an-

che predilezione sessuale verso i bambini. Da questo momento in poi, la contestazione non è più stata silenziosa: urla, proteste, slogan hanno cominciato a corredare la relazione. Calmate le acque, Razeto ha continuato parlando del relativismo e del possibile antidoto: il ritorno al senso comune, all'ordine morale e alla religione naturale. In conclusione, allorquando Razeto ha definito la legge in oggetto una forma di indottrinamento coatto, il grido di «buffone!» ha cominciato a riecheggiare nella sala.

In realtà, la contestazione maggiore doveva ancora venire: l'intervento del prof. Mauro Ronco (ordinario di Diritto Penale all'Università di Padova) è stato un vero e proprio travaglio. Da subito ne è emerso un botta e risposta con un contestatore sulla questione del rispetto reciproco invocato da Ronco, ma il culmine della serata si è toccato quando il giurista ha cercato di dimostrare come l'omofobia («Quella che hai tu!», gli gridano dal fondo) non esista: «L'omofobo – ha detto Ronco – sarebbe colui che avrebbe paura dell'omosessuale e allora lo odia: nulla di più assurdo, non c'è ragione perché io abbia paura di un gay. Certo, vi è violenza da parte di molti, ma quella è violenza verso i più deboli in generale, che siano gay, donne o disabili». «Fai schifo!», gli è stato risposto. In molti, allora, don Gigi Cabrino in primis, hanno cercato di calmare gli oppositori cercando di convincerli a far proseguire pacificamente le relazioni senza cadere, squalificandosi, nell'insulto per poi intervenire al termine nello spazio riservato alle domande. Appelli lanciati nel vuoto, lo sdegno delle numerosi associazioni presenti era troppo: la casalese Selena Bricco ha, addirittura, sfilato provocatoriamente sul palco durante l'intervento del giurista.

Tornato uno stato di calma apparente, il professore ha provato a toccare gli aspetti giuridici più rilevanti: «È una legge che mira a punire chi la pensa diversamente dall'ideologia gender e chi dice la verità sul matrimonio. Gli atti discriminatori contro l'orientamento sessuale sono già puniti dal sistema legislativo, addirittura con l'aggravante. Questa è una legge contro la libertà di pen-

siero, è una legge che si attribuisce compiti di pedagogia morale e gettare discredito su una verità antropologica fondamentale, è una legge-bavaglio».
«Basta che lei stia zitto e non la imbavagliamo», hanno urlato dalle ultime file contro il professore che ha risposto: «Questo mi convince sempre più delle mie posizioni e trovo conferme sulla violenza del vostro comportamento».
D'ora in avanti, toccati gli argomenti di utero in affitto, aborto e adozione figli, la serata è stata continuamente interrotta.
Prima cori di «Ver-go-gna, ver-go-gna, ver-go-gna!» fino all'occupazione del palco da parte dei contestatori con in mano cartelli «L'omofobia è odio non è libertà d'opinione» e due uomini lanciatisi in un bacio sul palco. Costretto a sospendere la conferenza, il prof. Ronco ha salutato, tra le urla, il pubblico: «Questa è la prova a quale livello di inciviltà stanno arrivando queste persone».
Tra le impressioni raccolte all'uscita, quella del sindaco Demezzi: «Trovo sconcertante tutto questo: ero venuto per capire e informarmi», e di don Cabrino: «Questa serata è stata pensata per parlare di una legge. La prova è stata che di questa legge non si può parlare».

L'episodio accaduto a Casale Monferrato rende sempre più evidente il pericoloso clima di intolleranza, al punto da spingere i Giuristi per la Vita ad inviare, il 25 settembre 2013, una lettera al Ministro dell'Interno on. Angelino Alfano:

Ill.mo Sig. Ministro,
Le scrivo nella mia qualità di Presidente dell'Associazione Giuristi per la Vita, al fine di denunciarLe un grave episodio che ha visto come vittime l'Avv. Giorgio Razeto, esponente della stessa Associazione, ed il Prof. Mauro Ronco, Ordinario di diritto penale presso l'Università di Padova e docente di diritto penale presso l'Università Europea di Roma, nonché Presidente dell'Ordine degli avvocati di Torino dal 2006 al 2010 e componente del Consiglio Superiore della Magistratura dal 2001 al 2002.

L'Avv. Razeto ed il Prof. Ronco sono stati fatti oggetto di un ignobile, violento e vergognoso attacco da parte di alcuni contestatori durante il convegno svoltosi domenica 22 settembre 2013 a Casale Monferrato, dal titolo *Gender, omofobia, transfobia: verso l'abolizione dell'uomo?*, un'iniziativa organizzata dal Movimento per la vita, Alleanza Cattolica, Comunione e Liberazione, con il patrocinio della Pastorale della Salute e Pastorale Sociale della Diocesi di Casale Monferrato. Si è trattato di una becera gazzarra allestita da attivisti dei movimenti per i diritti dei gay, tra cui il coordinamento Torino Pride LGBT, il collettivo AlterEva e l'associazione Arcigay, come mostrano alcune immagini contenute in un video divulgato sul sito de *Il Fatto Quotidiano.it*.
Questo ennesimo episodio di violenta intolleranza da parte di esponenti dell'ideologia omosessualista è l'indicatore della grave emergenza democratica che sta vivendo il nostro Paese sul versante delle libertà di pensiero e di credo religioso, garantite e tutelate dagli articoli 21 e 19 della Costituzione.
Non è più tollerabile l'ingiurioso coro di insulti e improperi indirizzati dalla furia ideologica e dal cieco fanatismo delle Erinni omosessualiste nei confronti di chi osa esprimere posizioni diverse. Non è più tollerabile che chi sostiene l'unicità della famiglia eterosessuale, il divieto di adozione di minori per coppie dello stesso sesso, e dà dell'omosessualità un giudizio morale di riprovazione, venga trattato alla stessa stregua dei negazionisti dell'Olocausto, dei sostenitori dell'*Apartheid*, o dei fiancheggiatori del Ku Klux Klan.
Da mesi i Giuristi per la Vita continuano a mettere in guardia politici ed opinione pubblica sul fatto che l'attuale pericolosa deriva intollerante della lobby omosessualista stia gravemente minando una delle libertà fondamentali della nostra Costituzione, ovvero la libertà di opinione, pilastro del sistema democratico su cui si fonda la civiltà liberale dell'Occidente.

Gli odiosi episodi di aggressione – come l'ultimo denunciato con la presente lettera – rappresentano, in senso culinario, l'*amuse-bouche* di quello che ci attende nella denegata e malaugurata ipotesi in cui dovesse essere definitivamente approvato al Senato il disegno di legge contro l'omofobia e la transfobia già discusso alla Camera dei Deputati. Non siamo neppure all'antipasto.
Per questi motivi i Giuristi per la Vita lanciano un preoccupato appello alle Istituzioni e alle Autorità del nostro Paese, affinché vengano immediatamente adottati tutti i più opportuni provvedimenti per fermare questa inquietante ondata di odio e violenza nei confronti di chi si oppone ad interventi legislativi volti al riconoscimento di una ingiusta ed ingiustificata tutela giuridica privilegiata in ragione dell'orientamento sessuale.
Ci rivolgiamo, in particolare, a Lei, Signor Ministro, giacché è personalmente nota al sottoscritto la Sua sensibilità di cattolico convinto, di autentico liberale, di fine giurista e di politico serio. Ci rivolgiamo a Lei per dire che non si può tollerare che in un Paese civile e democratico – quale il nostro pretende di essere – venga impedita la normale dialettica e il fisiologico confronto su proposte di legge. Non si può tollerare che il solo fatto di mettere in discussione un'ipotesi di intervento normativo in una determinata materia esponga gli oppositori al pubblico ludibrio, alla gogna mediatica, e all'apposizione di marchi infamanti, o peggio ancora – come sempre più spesso accade in questi ultimi tempi – alla violenza verbale e fisica volta a impedire il normale svolgimento di convegni e conferenze.
Il nostro Paese, nella sua storia a volte oscura e drammatica, ha già vissuto momenti bui in cui prepotenza e aggressione hanno prevalso sulla ragione. E merita oggi di essere ricordato l'accorato allarme lanciato da quel grande Papa che fu Pio XI nella lettera enciclica *Non Abbiamo Bisogno* del 29 giugno 1931, a proposito degli odiosi episodi di violenza e di intolleranza da parte di estremisti fascisti nei confronti degli appartenenti all'Azione Cattolica: «*È con dolore indicibile che vedemmo una vera e reale persecu-*

> *zione scatenarsi in questa Nostra Italia ed in questa Nostra medesima Roma contro quello che la Chiesa ed il suo Capo hanno di più prezioso e più caro in fatto di libertà e diritti, libertà e diritti che sono pure quelli delle anime, e più particolarmente delle anime giovanili, a loro più particolarmente affidate dal divino Creatore e Redentore».*
> Chi non riflette sul passato, Signor Ministro, è destinato a ripeterne gli errori.

La vicenda finisce in parlamento grazie alla provvida iniziativa dell'ottimo on. Alessandro Pagano (PdL), grazie alla presentazione dell'interpellanza urgente n. 2-00225 avente per oggetto «*Elementi ed iniziative in relazione a recenti contestazioni svoltesi ad un convegno organizzato da associazioni ecclesiali a Casale Monferrato (Alessandria)*».

Rende giustizia al coraggio dell'on. Pagano il suo intervento tenuto alla Camera dei Deputati il 27 settembre 2013 in sede di illustrazione dell'interpellanza, nel quale viene citata, tra l'altro, anche la lettera inviata dai Giuristi per la Vita al Ministro dell'Interno. Questa la ricostruzione stenografica di quel passaggio parlamentare:

> «*Signor Presidente, signor sottosegretario, il tema di questa interpellanza urgente è qualcosa di estremamente importante per la vita futura del nostro Paese. Siamo, infatti, di fronte ad un evento annunciato nel recentissimo dibattito che c'è stato in Aula sul tema dell'omofobia: più volte avevamo detto, in lungo e in largo, che cosa si stava preparando con questa legge. Dire oggi che eravamo facili profeti sarebbe un errore perché, in verità, non è bello vantarsi di un episodio negativo e che attiene alla vita sociale del nostro Paese. Al di là della facile retorica, ritengo cosa utile entrare nel merito di questo atto ispettivo e spiegare il significato profondo della stessa. Ciò è indispensabile per farlo comprendere non soltanto all'onorevole Viceministro e all'onorevole Presidente oggi presenti, ma anche a coloro che avranno modo di sentire e leggere queste parole.*

Il caso nasce domenica 22 settembre 2013 a Casale Monferrato, quando, alla presenza del sindaco di quella città, con il rappresentante della Curia vescovile e quattro associazioni organizzatrici – Giuristi per la vita, Comunione e liberazione, Alleanza cattolica e Movimento per la vita – si è svolto un convegno dal titolo "Gender, omofobia, transfobia. Verso l'abolizione dell'uomo?". L'obiettivo fondamentale era quello di spiegare la legge così com'è stata approvata da questo ramo del Parlamento e, quindi, far comprendere quali fossero i rischi e i problemi legati alla stessa. La presenza di illustri giuristi in quel convegno ne era la conferma puntuale e precisa. Sennonché, nel corso della giornata, nel corso della manifestazione, sono intervenuti fatti che sono assolutamente fuori della regola di un Paese democratico, giacché il coordinamento di Torino della LGBT e il collettivo Altereva e Arcigay hanno ritenuto opportuno disturbare la manifestazione, interromperla, operare azioni di disturbo, addirittura, intervenire dentro la sala e, attraverso anche un'azione di provocazione verbale forte, hanno pensato di interrompere la manifestazione. Obiettivo raggiunto, visto che la manifestazione non ha avuto decorso. Con grande senso del dovere, coloro che stavano al tavolo della riunione hanno invitato tutti, con la massima compostezza, a uscire fuori e a non dare risposta a nessuna forma di provocazione. Di fronte a tanti esempi conclamati di violenza nei confronti degli omosessuali – violenze che, sicuramente, ci sono state, anche se amplificate fuor misura rispetto, invece, al reale numero che si è avuto negli ultimi anni –, si è avuto domenica 22 settembre un primo esempio di violenza nei confronti di persone, soggetti e associazioni pacifiche, che manifestavano pacificamente e che stavano operando sotto un profilo culturale, senza nessuna forma di violenza e, ovviamente, senza nessuna forma di prevaricazione. La conferma puntuale di quello che sto per dire: la violenza, non è soltanto fisica, è anche psicologica, è anche verbale. È esattamente quello che è accaduto da parte delle lobby gay rappresen-

tate dalle sigle che ho appena citato e che hanno impedito con prevaricazione e forza una libera manifestazione. Le cronache de Il Fatto quotidiano confermano puntualmente questo. Il Fatto quotidiano, stranamente, signor Presidente, era presente il giorno in cui c'è stata questa azione di disturbo da parte delle lobby gay. Vedo che qualcuno in Aula si sta infastidendo... vuol dire che ho colto nel segno. Il Fatto quotidiano, presente durante la manifestazione ha avuto modo di scrivere che i relatori hanno difeso «a spada tratta la naturalità dell'unione fra un uomo e una donna». A giudizio quindi, di un giornalista, di un cronista che era andato là perché doveva osservare i fenomeni, i relatori hanno difeso la naturalità dell'unione tra un uomo e una donna. Quindi, siamo arrivati al paradosso che la difesa di un fatto naturale e, cioè, di un'unione tra un uomo e una donna, del matrimonio così come previsto dalla Costituzione, è diventato oggetto e pietra di scandalo da parte delle associazioni che ho appena citato. Sembra desumersi, quindi, che se qualcuno osa criticare l'applicazione della legge Mancino modificata di recente – legge che ancora non è tale, perché ancora deve essere approvata da un altro ramo del Parlamento –, si arriva al punto che anche la difesa della famiglia naturale può diventare qualcosa di assurdo. Quindi, la società naturale fondata sul matrimonio, così come prevede l'articolo 29 della nostra Costituzione, evidentemente, non deve essere più oggetto di rappresentazione, gli deve essere impedito. Il massimo disturbo si è avuto durante l'intervento del professore Mauro Ronco, che per la cronaca, lo vorrei dire, è ordinario di diritto penale all'università di Padova, già presidente dell'ordine degli avvocati di Torino, componente prestigioso del Consiglio superiore della magistratura. Quindi, stiamo parlando non di un uomo che andava a fare un intervento politico, ma di un giurista che doveva spiegare l'incostituzionalità di questa legge, la illiberalità di questa legge. Questo aspetto, evidentemente, ha fatto andare fuori di testa i disturbatori, al punto che a questa persona qualificatissima è stato assolutamente impedito di parlare – proprio il suo intervento è stato il momento topico del disturbo – e, quindi, da lì il fatto che ho appena spiegato, e cioè che il consesso si è sciolto. Siamo in presenza di un grave vulnus, sia costituzionale che sociale: si è consumato un gravissimo reato e cioè l'impossibilità di far parlare durante una pacifica manifestazione. Si è realizzato quello che noi abbiamo detto in lungo e in largo durante lo splendido dibattito che si è realizzato quel giorno in Aula quando abbiamo parlato di questa legge (dico splendido perché è stato forse l'unico caso di reale dibattito in quest'Aula dall'inizio di questa legislatura) e cioè che c'è il grave rischio che le libertà di pensiero e di opinione vengano a essere lese. Senza contare poi, questo è il sospetto di tutti coloro che erano presenti a quella manifestazione, che coloro che hanno fatto quella azione di disturbo, quelle che io chiamo le lobby gay, hanno cercato, con le provocazioni, anche la rissa. I massmedia hanno parlato praticamente poco o niente di questo episodio: è una cosa inquietante ed è la prova concreta che siamo in presenza anche di un fenomeno di autentica illiberalità, anche sulla comunicazione. Io mi domando, signor Viceministro, cosa sarebbe accaduto a parti inverse se ci fosse stata una masnada di avventurieri e di personaggi negativi, perché così solo potrebbero definirsi, che fossero andati in una manifestazione organizzata da omosessuali e avessero impedito loro quella legittima manifestazione? Sarebbe stato un fatto gravissimo che mi permetto di condannare in maniera ferma, perché qualsiasi tipo di discriminazione sessuale deve essere oggetto di condanna! Quindi è evidente che noi siamo molto preoccupati per questa deriva assurda; se già a legge che non è tale si cominciano ad avvertire questi episodi di intolleranza e di discriminazione verso chi manifesta a favore dell'unione fra un uomo e una donna, mi chiedo e mi domando: cosa potrebbe accadere, cosa accadrà, a legge approvata? Siamo, quindi, di fronte ad una vera e propria preoccupazione sociale e da qui l'interpellanza che Lei ha avuto mo-

do di studiare e di leggere, signor Viceministro. Un'interpellanza che come vede è stata firmata da oltre trenta deputati, è stata una sorta di crescendo, abbiamo raccolto le firme in pochi minuti e le assicuro che abbiamo avuto incoraggiamenti anche da altri partiti che non fanno parte, diciamo, del gruppo PdL e Lega che hanno, invece, sottoscritto questo atto di sindacato ispettivo. Come per dire: andate avanti perché è giusto che questa cosa sia discussa! Siamo, signor viceministro, di fronte ad un vero e proprio piano inclinato e sdrucciolevole; è chiara la tendenza di questo provvedimento; è quella di creare un vortice dove, partendo da una discriminazione, discriminazione ovviamente a parole, si vuole poi arrivare a livelli altissimi di discriminazione perché è chiaro che il giorno in cui questo provvedimento sarà approvato ci ritroveremo di fronte ad una vera e propria non parità, rispetto all'attuale situazione di parità fra la tesi del matrimonio naturale e quella del matrimonio omosessuale. Secondo le intenzioni dei proponenti, questa legge verrà utilizzata come una clava per evitare che qualcuno possa parlare e difendere l'unione naturale fra un uomo e una donna, gli unici che possono procreare. Tutto questo è nelle intenzioni dei proponenti di questo provvedimento ed è stato dichiarato. Ho avuto modo, nel corso della seduta, di fare i complimenti pubblici all'onorevole Scalfarotto per la sua onestà intellettuale, manifestata non soltanto in Aula, ma, devo dire, anche sui giornali. Sui giornali è stato detto in maniera molto chiara che la legge sull'omofobia è un passepartout per arrivare, poi, alla realizzazione di tutti gli altri processi della rivoluzione gender e cioè: genitore uno, genitore due, nozze gay, adozione gay. E come si vuole realizzare tutto questo? Semplicemente impedendo di parlare, perché quando una persona, nel momento stesso in cui è associata, come a Casale Monferrato rischia quattro anni di galera, o nel momento stesso in cui il sottoscritto dovesse parlare e dire le stesse cose identiche che sto dicendo adesso, rischia, un anno e mezzo di galera, ditemi voi se questo è lo Stato italiano o se siamo invece in presenza di uno Stato dell'America latina – per usare schemi classici della demagogia e della letteratura di fine Novecento – oppure di un Paese dell'Estremo Oriente o del Medio Oriente, dove le dittature vigono regolarmente. Io penso che questo deve essere elemento di preoccupazione, per non dire di più. Ma lo impediremo, signor Presidente. Lo impediremo semplicemente con la denuncia e con la verità dei fatti, spiegando bene al Paese che cosa sta accadendo, e lo spiegheremo con quella serenità che contraddistingue chi è forte della verità, perché noi siamo i più grandi difensori delle minoranze sessuali. Siamo i più grandi difensori di coloro che ritengono che è giusto che la propria libertà venga evidenziata e portata avanti dovunque, a qualsiasi livello e per qualsiasi argomento, a maggior ragione per argomenti di tipo sessuale e per la propria coscienza. Ma se questo vale per gli omosessuali vale anche per coloro che sostengono che il diritto naturale, quello del matrimonio tra un uomo e una donna, è altrettanto meritevole di diritti. Mi avvio alla conclusione con la domanda diretta da fare al Governo, domanda che è stata preceduta da una lettera che, spero e penso che Lei, Viceministro, ha già avuto modo di leggere, cioè la lettera aperta che i "Giuristi per la vita" hanno scritto al Ministro Alfano. Essi hanno denunziato apertamente proprio queste forme di intolleranza. La lettera è molto interessante e se non ha avuto modo di leggerla la prego di farla sua nei prossimi giorni. Ma arrivo a domande, anche a vantaggio di chi ci sta ascoltando mediaticamente. Chiediamo quali elementi disponga il Governo in merito a quanto riportato nella mia interpellanza; quali iniziative siano state assunte dalle forze dell'ordine intervenute e quali misure siano state adottate nei confronti...».

A questo punto, l'on. Pagano viene inopinatamente interrotto dal deputato Cristian Iannuzzi del Movimento 5 Stelle, il quale così si rivolge al banco della presidenza: «*Presidente, può far rispettare il tempo?*». La risposta è fulminea e lapidaria: «*Onorevole Iannuzzi, presiedo io*». Riprende, quindi, l'on. Pagano: «*Quali misure siano state adottate nei confronti...*». Nello stesso punto viene nuovamente interrotto dal deputato Iannuzzi con una esortazione – «*Presidente, il tempo!*» – che ottiene la medesima risposta da parte della presidenza: «*Sto presiedendo io e non Lei*».

L'on, Pagano può, quindi, riprendere a parlare:

«*Grazie, signor Presidente. Il nervosismo che colgo mi fa capire che sono dalla parte della ragione. Chiediamo quali iniziative siano state assunte dalle forze dell'ordine intervenute e quali misure siano state adottate nei confronti degli autori della contestazione e poi, ultima domanda, quali iniziative di prevenzione il Governo intenda adottare per evitare il ripetersi di episodi simili a fronte di iniziative pubbliche in difesa della famiglia fondata sul matrimonio fra uomo e donna, soprattutto in considerazioni di un fatto, Presidente, che il 5 ottobre prossimo ci sarà una manifestazione e già Altereva ha dichiarato che andrà fisicamente a disturbare. Grazie anche per la pazienza, Presidente*».

Prende, quindi, la parola il Viceministro dell'Interno Filippo Bubbico:

«*Signora Presidente, io evidentemente mi asterrò da valutazioni e da interlocuzioni con l'onorevole Pagano su questioni di natura politica, che evidentemente appartengono ad altra sfera e ad altri momenti, considerato, peraltro, che solo da qualche ora si è concluso un dibattito importante che ha impegnato questo ramo del Parlamento nella definizione di un provvedimento legislativo che non può che essere conforme all'impianto costituzionale e non può che agire nel rigoroso obiettivo di garantire il rispetto della persona e della dignità umana. Noi, Ministero dell'interno, ci sentiamo impegnati rispetto a quello che è accaduto il 22 settembre quando, a Casale Monferrato, in occasione di un convegno promosso dal Movimento per la vita, Comunione e liberazione e Alleanza Cattolica, con la partecipazione di centocinquanta persone circa, si sono verificati problemi, episodi che l'onorevole Pagano ha, insieme ad altri colleghi parlamentari, voluto segnalare con la sua interpellanza urgente. Come è già stato ricordato, infatti, l'intervento di disturbo della conferenza, attuato da manifestanti di opinione contraria a quella degli organizzatori sui delicati temi dell'identità sessuale e dell'omofobia, è stato inscenato all'esterno della sala del convegno, con distribuzione di volantini nell'antistante Piazza dello Statuto, ed è proseguito anche all'interno, in forme plateali, inducendo gli organizzatori ad interrompere i lavori del convegno. L'intervento delle Forze di polizia, diretto a evitare che la contestazione potesse ulteriormente degenerare con pericolo per l'incolumità pubblica, è stato disposto e attuato con la massima tempestività possibile, nonostante il fatto che l'autorità di pubblica sicurezza avesse appreso della contro-manifestazione soltanto nella stessa mattinata del 22 e, quindi, ben oltre i limiti previsti dalla legge per il formale preavviso. L'imprevisto ed elevato numero di dimostranti intervenuti rispetto a quello solo informalmente indicato dai contestatori ha reso, poi, necessario rinforzare il dispositivo di vigilanza con l'invio di due pattuglie della locale Compagnia dei Carabinieri. La contestazione, seppure accesa, non è stata connotata da violenza fisica e, al momento, non risulta che sia stata sporta denuncia all'Autorità giudiziaria in relazione ai fatti accaduti. La Questura di Alessandria sta procedendo, comunque, ad indagini volte all'identificazione dei dimostranti per il loro deferimento all'Autorità giudiziaria in ordine all'avvenuta violazione dell'obbligo di preavviso. L'episodio di Casale Monferrato deve indurre ad una riflessione seria sui valori della tolleranza e sulla necessità che la diversità anche più aperta delle opinioni non divenga motivo di contrapposizione violenta e sopraffattoria. L'impegno delle Forze dell'ordine è continuamente teso a garantire la libertà, a garantire l'autonomia nell'espressione del proprio pensiero da parte dei cittadini e, quindi, in una parola a garantire i diritti costituzionalmente definiti. Posso garantire che verrà prestata la massima attenzione perché attraverso una vigilanza costante le regole della convivenza civile vengano in ogni circostanza rispettate e in relazione a questi episodi verrà sviluppata un'azione preventiva tesa ad intercettare ogni segnale di tensione che dovesse verificarsi, ma è evidente che tutti abbiamo una grande responsabilità nel garantire un confronto sereno e democratico anche su questioni così controverse».*

Come di prassi, spetta allo stesso on. Pagano dichiararsi o meno soddisfatto della risposta ricevuta da Bubbico:

«*Signor Viceministro, io mi dichiaro soddisfatto perché conosco la sua onestà intellettuale e la sua serietà, da qui la mia stima personale che, ovviamente, si estende a tutto il Ministero e anche al signor Ministro. Le sue parole non sono esattamente quelle che io mi aspettavo ma chiedere di più probabilmente sarebbe stato un eccesso. E allora con la serietà che io penso debba contraddistinguere i rapporti istituzionali mi ritengo soddisfatto. Devo però per forza di cose aggiungere qualcosa, che penso possa tornare utile a Lei e alle ottime forze di polizia che avete la fortuna di dirigere, e che abbiamo come Paese la fortuna di avere, perché è una delle poche cose che veramente funzionano in questo Paese; e che hanno avuto modo di risolvere, gestendola bene, la situazione delicata che abbiamo appena raccontato. Devo partire nella mia replica da due elementi della sua risposta: «il rispetto della persona», che augurava ed auspicava come azione fondante non solo del suo Ministero, ma io penso di tutta l'azione di Governo e in generale del vivere civile; e una "riflessione seria su quelle che sono le conseguenze e i rischi che questa legge sta minacciando". Sono d'accordo, ciò che sta accadendo è nulla rispetto a quello che accadrà in futuro. Signor viceministro, Le lascerò tra un po' il documento che Altereva ha pubblicato sul suo sito e che leggo testualmente: orgogliosi di quello che hanno fatto, hanno programmato una sorta di calendario su quello che faranno nelle prossime settimane nell'ambito di manifestazioni del genere. Hanno già detto che andranno a distur-*

bare, il giorno 5 ottobre, la manifestazione organizzata da Alleanza Cattolica, Comunione e Liberazione e Movimento per la Vita a Milano. Non solo quella, ce ne sono anche altre che evidentemente sono state identificate; ma è interessante, a proposito del "rispetto della persona" a cui Lei accennava, quello che scrivono in un passaggio, a dimostrazione che queste persone non sono serene. Ho avuto modo, di dire nel mio dibattito, di cogliere degli aspetti positivi nella società, dove moltissimi omosessuali si sono anche complimentati con me sul fatto di avere una chiara distinzione tra il rispetto della persona omosessuale in quanto tale, che dev'essere garantita sempre e dovunque (quello che io definii nel mio intervento in Aula la persona omosessuale che vive la propria omosessualità in maniera serena, tranquilla, pacifica, sapendo di essere rispettata); rispetto a coloro che invece sono ideologizzati, e che vogliono far passare invece per forza dal collo di una bottiglia un elefante, e cioè l'innaturalità delle loro tesi tipiche di una ideologia che, come tutte le ideologie, ha gli occhiali deformati e vede quindi le cose in maniera diversa. Queste sono ovviamente le posizioni che noi in ogni contesto andremo, con la forza delle idee e della verità, a spiegare. Ma il dato che deve interessare il signor sottosegretario, e il Governo tutto in generale, è quello che dice Altereva, quando affermava: "siamo consci del fatto che il risultato della nostra azione sul palco (cioè l'interruzione dell'incontro) verrà usato come ulteriore tentativo di vittimizzazione e di mistificazione della realtà; siamo altrettanto convinti che le nostre responsabilità come singole persone che hanno a cuore la lotta contro ogni discriminazione sia di contrastare in maniera convinta questa discriminazione (con riferimento agli organizzatori) di odio mascherato da diritto di opinione". Ora ditemi qual è l'odio mascherato da diritto di opinione di chi si riunisce e dice che la famiglia naturale, quella tra un uomo e una donna garantita dalla Costituzione, sia qualche cosa di assurdo? Ditemelo! Abbiamo il dovere di spiegarcelo, e con onestà intellettuale dobbiamo spiegarlo anche a quella parte del Parlamento che sta cadendo nella trappola di una posizione ideologica! Abbiamo abbandonato il XX secolo, che ha creato morti, vittime e povertà, con ideologie come il nazismo e il comunismo. Stiamo affrontando il XXI secolo con una ideologia che è ancora peggiore, e che farà altrettanto danno se non entriamo nel merito di queste vicende, e con onestà intellettuale affrontiamo il problema, che oggi è politico, e domani forse di ordine pubblico; perché è chiaro che nell'ordine pubblico ci rientreranno coloro che saranno vittime di questa manifestazione di intolleranza al contrario da parte delle lobby gay. Oggi abbiamo il dovere oggi di denunciare con chiarezza, con forza, per rispetto alla verità, ma anche per rispetto della persona umana, quella con la "p" maiuscola e che qualcuno evidentemente non vuole rispettare».

Davvero una bella pagina di vita parlamentare capace, da un lato, di rincuorarci, e dall'altro di renderci evidente quale sia la reale emergenza democratica del nostro Paese.

Caso Barilla

Pochi giorni dopo i fatti di Casale Monferrato, e precisamente il 25 settembre 2013, l'industriale Guido Barilla, presidente della omonima società produttrice di pasta, incappa in un'intervista telefonica fatta dai due conduttori luciferini della trasmissione radiofonica *La Zanzara* di Radio 24.
In quell'occasione, rivelatasi poi una trappola, Barilla si spinge incautamente ad affermare che per quanto riguarda la comunicazione commerciale «uno dei concetti principali dell'azienda rimane quello di "famiglia tradizionale"», ovvero la famiglia formata da un uomo e una donna. Spiega, quindi, lo stesso industriale che lui non farebbe mai una réclame con altre forme di famiglia alternative, «non per mancanza di rispetto verso gli omosessuali, che hanno diritto di fare quello che vogliono», ma

semplicemente perché non la pensa come loro, e pensa che la famiglia cui si rivolge l'azienda Barilla è comunque «una famiglia classica, dove la donna, tra l'altro, ha un ruolo fondamentale, quello di madre che è il centro concettuale di vita di questo organismo». Incalzato dalle domande dei conduttori, Barilla tiene a precisare di non essere contro il matrimonio omosessuale, anzi di «rispettarlo», perché «riguarda la libera scelta di persone adulte», mentre dichiara di non condividere l'adozione da parte delle famiglie gay perché quell'istituto ha effetti nei confronti di soggetti estranei alla scelta degli adulti.

Tanto basta per vedersi affibbiato il marchio ignominioso di omofobo. Al punto da far scattare immediatamente non solo la consueta ridda di reazioni isteriche da parte dei cultori del *politically correct* e delle associazioni omosessualiste, ma persino un'iniziativa di boicottaggio (*#BoicottaBarilla*), parola che per una società quotata in borsa suona come l'urlo di Attila. Comunque sia, lo stigma infamante con cui viene marchiato Guido Barilla fa il giro del mondo. Il 26 settembre, giorno successivo al fattaccio, il quotidiano londinese "The Independent" dedicherà alla vicenda un articolo intitolato *I would never use homosexual couples in my adverts: Barilla pasta brand faces boycott after boss's comments spark backlash,* mentre il francese "Le Monde" uscirà con un pezzo con un titolo ad effetto: *Al dente - Le patron de Barilla ne veut pas d'homosexuels dans ses publicités.* Anche l'agenzia Reuters darà la notizia aggiungendo la minaccia del boicottaggio: *Italian pasta baron's anti-gay comment prompts boycott call.*

Tutto ciò è troppo, e Barilla viene costretto a ritrattare e scusarsi. Glielo faranno fare con modalità tali da sfiorare il tragicomico: una vergognosa autocritica ripresa in un video, un vero e proprio *jiǎntǎo* (检讨), secondo la migliore tradizione rieducativa di stampo maoista. Il testo che Barilla è obbligato a recitare appare assai significativo:

> Ieri mi sono scusato per avere colpito la sensibilità di molte persone in tutto il mondo. Mi scuso nuovamente. In tutta la mia vita ho sempre rispettato ogni persona che ho in-

contrato, anche gli omosessuali e le loro famiglie, senza alcuna distinzione. Non ho mai discriminato nessuno. Le tantissime reazioni in tutto il mondo alle mie parole mi hanno colpito e addolorato *perché mi hanno fatto capire che sul dibattito riguardante l'evoluzione della famiglia ho molto da imparare.*
Nelle prossime settimane mi impegno a incontrare gli esponenti delle associazioni che meglio rappresentano l'evoluzione della famiglia, tra i quali coloro che ho offeso con le mie parole.

Poiché il video dello *jiăntăo* del povero Barilla è destinato ad essere diffuso in tutto il mondo, circolerà anche una versione recitata in inglese:

> *Yesterday, I apologized for offending many people around the world. Today I am repeating that apology. Through my entire life I have always respected every person I've met, including gays and their families, without any distinction. I've never discriminated against anyone. I have heard the countless reactions around the world to my words, which have depressed and saddened me. It is clear that I have a lot to learn about the lively debate concerning the evolution of the family. In the coming weeks, I pledge to meet representatives of the group that best represent the evolution of the family, including those who have been offended by my words.*

La semplice autocritica videotrasmessa non viene ritenuta sufficiente e la cerimonia laica dell'*autodafé* deve procedere con le scuse rivolte a tutta la comunità Barilla. Avverrà nella homepage del sito aziendale, in cui campeggerà una grande foto del Presidente accanto alla scritta «Mi scuso!». Manca solo il *capirote* in testa a Barilla e poi il rito del *Sermo Generalis* della nuova Inquisizione sarebbe perfetto. Anche in questo caso il testo pubblicato delle scuse merita di essere ricordato:

> Mi rammarico dei miei commenti inappropriati e desidero scusarmi con tutti coloro che si sono sentiti offesi, incluse le migliaia di dipendenti e partner che lavorano con Barilla in tutto il mondo.
> Mi rendo conto che le mie parole possano aver urtato la sensibilità di molti ma queste non riflettono correttamente le mie opinioni. Per chiarezza, desidero precisare che:
> - Ho il massimo rispetto per qualunque persona, senza distinzione alcuna.
> - Ho il massimo rispetto per i gay e per la libertà di espressione di chiunque.
> - Ho il massimo rispetto per tutti i tipi di unione e famiglie amorevoli.
> In Barilla, la nostra missione è quella di interagire e considerare i consumatori e i partner come nostri vicini – con amore e rispetto – e di realizzare i migliori prodotti possibili.
> Prendiamo questa responsabilità molto seriamente e la consideriamo una parte fondamentale di ciò che siamo, come azienda a conduzione familiare.
> Sebbene io non possa cancellare ciò che ho detto recentemente, posso però scusarmi. Mi scuso con tutti gli amici, le famiglie, i dipendenti e i partner che ho ferito od offeso con le mie parole.

Tra gli inquisitori più veementi nell'*autodafé* dell'eretico Barilla, spicca Mauro Macchiesi, Segretario Nazionale della Flai Cgil:

> Ciò che è stato detto dal Presidente di Barilla, Guido, è lontano mille miglia dalla cultura e dall'immaginario collettivo della società civile e della Cgil tutta. Evidentemente, se penso alle parole di Papa Francesco che dice «chi sono io per giudicare», tanta strada c'è ancora da fare sulla via del rispetto e dell'integrazione.
> Con le sue affermazioni Guido Barilla ha offeso gli omosessuali e le donne, ma Barilla Azienda è un'altra cosa, una realtà dove solo in Italia lavorano 4000 persone, che ogni

> giorno si impegnano per far uscire al meglio i prodotti e come tale va difesa.
> Barilla rappresenta un patrimonio per il Paese che non può essere buttato a mare a causa delle sciagurate dichiarazioni del Presidente pro tempore. Quindi il boicottaggio dei prodotti non danneggia Guido Barilla, che ha le sue fortune, bensì danneggia chi lavora negli stabilimenti, chi trasforma e confeziona i prodotti e quanti forniscono le materie prime.

Il complesso rituale dell'autocritica di Guido Barilla non viene comunque ritenuto sufficiente. A dimostrazione di quanto siano davvero potente la lobby gay, è sufficiente prendere atto della successiva attività rieducativa promossa nella società Barilla a libello aziendale. Tra le attività intraprese verso la frontiera più avanzata del *gay friendly* merita di essere segnalato l'istituzione del *Diversity & Inclusion Board*, la nomina del *Global Diversity Officer*, e la partecipazione al *Corporate Equality Index*.

Il 4 novembre 2013 l'Amministratore Delegato Claudio Colzani «con l'obiettivo di rafforzare il proprio impegno aziendale verso la diversità», annuncia, infatti, alcune misure su diversità, inclusione e responsabilità sociale:

> Diversità, inclusione e uguaglianza sono da tempo parte integrante della cultura, dei valori e del codice etico di Barilla. Questi si riflettono nelle politiche e nei benefit offerti a tutto il personale, indipendentemente da età, disabilità, sesso, razza, religione o orientamento sessuale. Allo stesso tempo, il nostro impegno è volto a promuovere la diversità perché crediamo fermamente che sia la cosa giusta da fare.
> Le attività comprendono:
> 1. Il nuovo *Diversity & Inclusion Board*, composto da esperti esterni indipendenti che aiuteranno Barilla a stabilire obiettivi e strategie concrete per migliorare lo stato di diversità e uguaglianza tra il personale e nella cultura aziendale in merito a orientamento sessuale, parità tra i sessi, diritti dei disabili e questioni multiculturali e intergenerazionali. Tra le persone che a oggi hanno accettato di

far parte del Board si annoverano David Mixner, importante leader mondiale della comunità LGBT e Alex Zanardi, medaglia d'oro alle Paraolimpiadi.
2. Nomina del primo *Chief Diversity Officer* del Gruppo Barilla, Talita Erickson, avvocato di origine brasiliana, attualmente Direttore Affari Legali di Barilla America.
3. Partecipazione al *Corporate Equality Index* (CEI) sviluppato dalla US Human Rights Campaign per misurare e valutare le politiche e pratiche delle grandi imprese in merito a dipendenti LGBT.

Evidentemente, anche Guido Barilla ha imparato bene la lezione del Borbone Enrico IV di Francia: *le profit vaut bien une Messe.*

Caso Cerrelli

L'avvocato Giancarlo Cerrelli è Vice Presidente dell'Unione Giuristi Cattolici, noto per il coraggio con cui conduce la battaglia contro l'intolleranza degli ideologi del *gender* e la lobby omosessualista. Note le polemiche sorte a seguito della sua partecipazione, il 20 agosto 2013, alla puntata televisiva "Uno Mattina" trasmessa dalla RAI, in cui si era permesso di rilasciare nell'etere affermazioni del tipo: «L'omosessualità è un disagio», «l'omosessualità è un disordine», «l'omosessualità è un disagio esistenziale». Affermazioni che scatenarono, *ça va sans dire*, l'ira delle associazioni gay e del Movimento 5 Stelle, culminate con una richiesta di incontro rivolta al Presidente della Commissione di Vigilanza RAI per un'audizione ufficiale. Sono seguite una serie di richieste di sanzioni a carico del povero Cerrelli, tra cui persino quella di sottoporlo ad un procedimento disciplinare da parte del competente Ordine degli Avvocati.

Nonostante il precedente – o forse proprio a motivo di quello – l'avvocato Cerrelli viene nuovamente invitato dalla RAI, alla trasmissione "*Domenica In*" del 3 novembre 2013. Il fronte omosessualista insorge, e la partecipazione di Cerrelli viene annullata.

Lo stesso interessato racconta come si siano realmente svolti i fatti, in un'intervista resa all'agenzia *Zenit* il 5 novembre 2013:

> La redazione di *Domenica In* mi ha contattato il 30 ottobre chiedendomi se avessi gradito partecipare alla trasmissione di domenica 3 novembre. Dopo aver dato la mia disponibilità a partecipare alla trasmissione, ho ricevuto lo stesso giorno e il giorno successivo, altre telefonate da parte della redazione per parlare dei contenuti del mio intervento. A richiesta di una redattrice, ho accennato che avrei gradito poter parlare anche alla "ideologia del *gender*", alla base dell'omosessualizzazione della nostra società. Dopo aver concluso l'intervista ci siamo salutati con l'intesa di vederci domenica negli studi Rai. Venerdì pomeriggio, invece, ho ricevuto una telefonata dalla stessa redattrice, che mi ha informato che la mia partecipazione era stata annullata per intervenuti cambiamenti del palinsesto che non avrebbero lasciato tempo sufficiente a un mio intervento.

La vicenda di Cerrelli diventa un caso nazionale. Interviene nuovamente il coraggioso on. Alessandro Pagano (PdL) annunciando la presentazione di un'interpellanza, e si mobilita *CitizenGo* promuovendo una petizione online dal titolo *No alla censura di Rai1 a Giancarlo Cerrelli*, che in poche ore riesce a raccogliere più di 2.500 firme.

Anche il quotidiano cattolico "Avvenire" si interessa del caso, pubblicando, il 5 novembre 2013, l'articolo intitolato *Petizioni alla Rai: la gente dalla parte di Cerrelli*:

> Le vere notizie sono il mare di commenti postati dalla gente comune sulla pagina Facebook di *Domenica In* in difesa di Giancarlo Cerrelli, vicepresidente dell'Unione giuristi cattolici italiani, prima invitato a Rai1, poi invitato... a starsene a casa; e la velocità con cui ieri una petizione al direttore di Rai1 Giancarlo Leone ha raccolto in pochi istanti le prime 928 adesioni (su Citizengo.org). Il tema da trattare nel pomeriggio domenicale era la "legge contro

l'omofobia" oggi ferma in Senato, e nel dibattito l'avvocato Cerrelli era chiamato a rappresentare il versante contrario a tale legge, approvata la quale diverrebbe un reato la propria opinione: «Solo dirsi contrari al matrimonio tra gay potrebbe costare 1 anno e 6 mesi di carcere in quanto "discriminatorio", così come sostenere che dall'omosessualità si può anche uscire, volendolo».
Si può essere d'accordo con Cerrelli oppure no, l'importante è poterlo dire. Cosa che non è accaduta a lui. In studio al suo posto l'intervista toccante ad Andrea, giovane omosessuale cresciuto – prendendo per buona la sua campana, l'unica che abbiamo – in una famiglia che di umano ha ben poco (padre che lo picchia, madre e otto fratelli che da 19 anni non lo hanno più cercato). Con lui la madre di un altro ragazzo gay, contenta della situazione in quanto «non cambia niente per una sciocchezza del genere». Perché oggigiorno – si sostiene – scoprire che un figlio è «innamorato di Luca» anziché di Lucia è una sottigliezza. Venti minuti di sapiente utilizzo del sentimento ad uso della tivù del dolore, insomma, che quel dolore rispetta poco e sfrutta molto. Dopo le immagini di Simone, il giovane romano suicida che ha lasciato scritta la sua denuncia («L'Italia è un Paese libero, ma ci sono degli omofobi e devono fare i conti con la loro coscienza»), sono seguite dunque le lacrime di Andrea e il sorriso della madre buona perché felice che il figlio sia gay.
Evitato il dibattito lasciando a casa Cerrelli, «gli altri due ospiti previsti, Pierluigi Diaco e don Mazzi, sono stati deviati su un altro tema, la baby prostituzione. Insomma, a casa sono rimasto solo io», sorride Cerrelli. E il messaggio passato è univoco: essere gay è bello, chiunque la pensi diversamente è omofobo e una legge urge. «Nessun problema se gli autori Rai la pensano così – commenta –, ma perché censurare la discussione? Se ne parla, ognuno presenta le sue argomentazioni e alla fine si vedrà chi ha ragione. Penso che la democrazia funzioni così».
Lo pensa anche la gente: «Con l'esclusione fascista di Cerrelli la Rai ha dimostrato di essere un disservizio pubblico,

eppure è un'azienda finanziata dai contribuenti», scrive Stefania R. sulla pagina Fb della trasmissione. «Pare si voglia far prevalere solo un'opinione: fine della libertà di parola?», commenta Carlo G. «Ma *Domenica In* è in grado di spiegare la propria interpretazione del termine dibattito, quando si conserva un parterre a senso unico? Non chiamate giornalismo un banale programma d'intrattenimento», aggiunge Giovanni R. Poca rabbia, tanta amarezza: «Era stato annunciato l'intervento di Cerrelli: avrebbe reso la puntata di maggiore interesse» (Teresa M.). Il punto infatti è questo: se il tema è di attualità, perché uccidere il confronto nel servizio pubblico d'informazione? Se già adesso il «metodo Barilla» crea le sue vittime, cosa accadrebbe con una legge cosiddetta "anti-omofobia"? «Tra le centinaia di richieste di amicizia su Fb che sto ricevendo, anche quelle di persone gay ma decise a lasciarmi parlare», fa sapere intanto Cerrelli. Che giovedì è atteso a Ravenna per una conferenza intitolata *Legge contro l'omofobia: necessaria o progetto ideologico?* L'Arcigay ha già fatto sapere: pronta la reazione per tacitare «operazioni spandi-omofobia come questa».

Anche sul caso di Giancarlo Cerrelli i Giuristi per la Vita hanno fatto sentire la propria voce attraverso un comunicato stampa, per denunciare ancora una volta la deriva totalitaria che sta trascinando il nostro Paese verso la dittatura ideologica del *politically correct*:

> I Giuristi per la Vita esprimono piena solidarietà e totale sostegno all'Avv. Giancarlo Cerrelli, Vice presidente nazionale dell'U.G.C.I., di nuovo vittima di una vergognosa censura da parte, questa volta, dei solerti funzionari RAI, che come vergini Vestali nel santuario della Televisione di Stato italiana custodiscono il sacro fuoco del *Pensée Unique* politicamente corretto.
> L'annullamento della sua presenza alla trasmissione *Domenica In* del 3 novembre 2013 a causa delle sue posizioni critiche rispetto alla proposta di legge in tema di omofo-

bia, e la contestuale sostituzione con la testimonianza di una madre che ha accettato l'omosessualità del proprio figlio, rappresentano un esempio scolastico di censura da regime dittatoriale.
Lo strapotere arrogante delle lobby omosessualiste ha ormai oltrepassato i limiti della decenza, al punto da raggiungere un'odiosa intolleranza e travalicare il rispetto della libertà di opinione garantita e tutelata dalla nostra Carta Costituzionale.
Si impone, a questo punto, il dovere morale di denunciare pubblicamente una simile deriva illiberale che arriva a toccare ormai livelli istituzionali e mezzi pubblici di comunicazione.
Appare, purtroppo, sempre più vero quando scritto da Melanie Phillips, intelligente e prestigiosa giornalista britannica, in un articolo pubblicato sul quotidiano *Daily Mail* il 24 gennaio 2011, in cui denunciava l'intolleranza dell'ideologia gay e il fatto che gli stessi omosessuali «*risk becoming the new McCarthyites*». Il rischio di trovarci di fronte ad una nuova forma di maccartismo da parte delle lobby omosessualiste rappresenta davvero un pericolo concreto e reale.
Quanto accaduto al collega e amico Giancarlo Cerrelli è semplicemente inaudito in un Paese civile, liberale e democratico, quale pretende di essere il nostro. Ancora più grave è il fatto che l'odiosa censura sia stata perpetrata da funzionari di una rete televisiva pubblica, sostenuta, peraltro, anche con risorse finanziarie dei contribuenti.
È un segnale davvero inquietante sulla stessa tenuta democratica della nostra nazione se si considera il monito lanciato da un maestro del giornalismo del calibro di Indro Montanelli: «Oggi, per instaurare un regime, non c'è più bisogno di una marcia su Roma, né di un incendio del Reichstag, né di un golpe sul palazzo d'Inverno. Bastano i cosiddetti mezzi di comunicazione di massa: e fra di essi, sovrano e irresistibile, la televisione».
Per questo i Giuristi per la Vita chiedono un rapido ed esaustivo intervento chiarificatore da parte delle Autorità

pubbliche sull'allarmante vicenda che ha coinvolto l'Avv. Giancarlo Cerrelli, e plaudono all'iniziativa preannunciata dall'on. Alessandro Pagano di presentare un'interrogazione parlamentare sul caso, seguita da una richiesta di convocazione al presidente della Commissione di vigilanza Rai per porre il tema all'ordine del giorno nella prima seduta utile.

Caso Marino

Ad ottobre 2013 l'*Associazione Famiglia Domani* richiedeva al Comune di Roma la disponibilità della Sala della Protomoteca per un convegno intitolato *Ideologia del Gender: quali ricadute sulla famiglia?* da tenersi il 3 dicembre 2013, nel quale avrebbero parlato in qualità di relatori la Dott.ssa Dina Nerozzi, Medico specialista in psichiatria ed endocrinologia, e l'Avv. Gianfranco Amato, Presidente dei Giuristi per la Vita. Espletate tutte le formalità burocratiche per la richiesta, grazie anche all'interessamento del consigliere comunale capitolino Lavinia Mennuni, l'utilizzo della sala veniva formalmente concesso. Fin qui, tutto normale in un Paese normale. Il punto è che da qualche tempo sulle tematiche relative al *gender* e all'omosessualità l'Italia sta pericolosamente travalicando i termini della normalità. Infatti, con un improvviso *coup de théâtre*, il 14 novembre 2013, l'ufficio stampa del sindaco Marino rilascia un comunicato ufficiale all'agenzia ASCA: «il Campidoglio rende noto che non ha concesso e non concederà il patrocinio al convegno *Ideologia del Gender: quali ricadute sulla famiglia?*, organizzato dall'Associazione Famiglia Domani e come da loro pubblicizzato, in programma per il prossimo 3 dicembre».

Lo stesso giorno in cui il Comune di Roma toglie la sala all'*Associazione Famiglia Domani*, la assegna ad un'altra iniziativa, sul tema dell'autismo in occasione della Giornata Mondiale della Disabilità, in modo da poter dichiarare che la Sala della Protomoteca era già stata prenotata. Peccato che tale affermazione contenuta nel comunicato risulti assolutamente falsa. La concessione del Gabinetto del Sindaco ai disabili, datata il 14 novembre 2013, è arrivata, infatti, dopo oltre un mese che la stessa Sala della Protomoteca era stata assegnata al convegno promosso dall'*Associazione Famiglia Domani*.

Un'illuminante coincidenza chiarisce i motivi dell'improvviso voltafaccia. Lo stesso giorno del comunicato stampa dell'Ufficio di Gabinetto del Sindaco, infatti, i consiglieri comunali Virginia Raggi, Marcello De Vito, Enrico Stefano, Daniele Frongia (M5S), Gianluca Peciola, Maria Gemma Azuni, Imma Battaglia, Annamaria Proietti Cesaretti (Sel) e Riccardo Magi (Lista Civica per Marino) hanno presentato un'interrogazione urgente sui rischi insiti nel convegno organizzato dalla stessa *Associazione Famiglia Domani*, sostenendo che «fermo restando il diritto costituzionalmente garantito alla pluralità dell'informazione e delle idee e quindi allo svolgimento di convegni», l'argomento trattato fosse «assolutamente incompatibile con il programma del sindaco Marino, che al punto 9 – *"Roma capitale dei diritti di tutte e di tutti"* e *"i diritti delle persone lgbt"* – si impegna chiaramente a migliorare la qualità della vita delle persone lesbiche, gay, bisessuali e transgender, favorendo progetti e iniziative per i diritti e promuovendo servizi e azioni di contrasto alle discriminazioni, al pregiudizio, all'omofobia e la transfobia». In quest'ottica, i citati consiglieri comunali hanno ricordato la loro iniziativa congiunta sull'istituzione del Registro delle Unioni civili attualmente in discussione presso la Commissione Statuto, Personale e Sport, esortando, pertanto, il Sindaco Marino a «non concedere alcuno spazio del Campidoglio per ospitare convegni ideologici a forte connotazione omofoba».

A rendere surreale l'intera vicenda vi è il fatto che la stessa *Associazione Famiglia Domani* aveva già svolto un convegno sul medesimo tema e col medesimo titolo a Milano il 24 ottobre 2103, e a Verona il 21 settembre 2013. In quest'ultima occasione, in particolare, oltre alla concessione del patrocinio comunale, si era pure registrata la partecipazione e il convinto saluto del Sindaco scaligero Flavio Tosi. Evidentemente a dividere l'Italia non è il parallelo geografico ma quello ideologico.

Resta comunque il fatto che il gravissimo episodio di intolleranza di Ignazio Marino non può non inquietare le coscienze di coloro che hanno a cuore la libertà di opinione e di credo religioso, così come risulta ancora garantita e tutelata dagli articoli 21 e 19 della nostra Costituzione.

L'arroganza intollerante del Sindaco della Capitale – che con questo atto ha dimostrato di non rappresentare tutti i cittadini romani – ha davvero travalicato il livello di guardia delle garanzie liberali nel nostro Paese, arrivando a determinare una vera e propria emergenza democratica.

Se oggi si pretende di censurare le libere opinioni in materia di gender attraverso un odioso abuso di potere, domani il bavaglio giungerà con la privazione della stessa libertà personale, attraverso la reclusione minacciata con l'assurda legge antiomofobia che si pretende di approvare in Parlamento.

Tutte le istituzioni democratiche, le autorità pubbliche competenti, e coloro che rivestono responsabilità politiche dovrebbero avvertire il dovere di intervenire per arrestare la deriva di intolleranza e di discriminazione che continua a colpire inesorabilmente chi non intende adeguarsi alla ideologia omosessualista, e dovrebbero difendere ciò che resta della libertà di opinione nel nostro sciagurato Paese. Prima che sia troppo tardi.

Una parola meritano, poi, tutti gli ingenui cattolici che, pur conoscendo le posizioni di Marino in tema di vita, famiglia ed educazione, hanno deciso comunque di votare un «volto nuovo e pulito della politica», perché «tanto a livello locale non vi sono competenze in materia tali da rendere pericolose le posizioni personali del sindaco». Ora tutte quelle anime belle sono servite!

Il 2 dicembre 2013, l'Associazione Famiglia Domani, il Movimento Europeo per la Difesa della Vita (Mevd), l'Associazione Famiglie Numerose Cattoliche e i Giuristi per la Vita, decidono di indire una conferenza stampa per protestare contro quanto accaduto. Il resoconto della conferenza è stato diramato in un comunicato stampa:

> *Libertà di espressione per chi difende la famiglia*. Questo il tema della conferenza stampa che si è tenuta il 2 dicembre presso la Sala Capitolare del Chiostro di Santa Maria sopra Minerva, al Senato, e indetta dall'Associazione Famiglia Domani, dal Movimento Europeo per la Difesa del-

la Vita (Mevd), dall'Associazione Famiglie Numerose Cattoliche e dai Giuristi per la Vita. L'incontro, che ha visto come relatori l'avv. Claudio Vitelli (Famiglia Domani), il cons. Alberto Zelger (Mevd), il dott. Vittorio Lodolo D'Oria (Famiglie Numerose Cattoliche) e l'avv. Gianfranco Amato (Giuristi per la Vita), è stato fortemente voluto per denunciare l'intolleranza ideologica che negli ultimi mesi grava nei confronti di chi vuole mettere in discussione, seppur in maniera civile e scientifica, la cultura del gender. Casi del genere si sono registrati in molte parti d'Italia, dove convegni critici dell'omosessualismo e a sostegno della famiglia sono stati interrotti bruscamente da alcuni membri di associazioni gay, fino ad arrivare al diktat del sindaco di Roma Ignazio Marino che ha impedito lo svolgimento di una conferenza in Campidoglio.
Nel suo intervento, Claudio Vitelli, dell'Associazione Famiglia Domani, ha contestato decisamente «l'introduzione di qualsiasi tutela specifica rafforzata per una categoria di soggetti in ragione della scelta morale da essi compiuta in relazione alla propria sessualità». «A fronte di una società in cui ormai l'omosessualità è normalmente accettata e riconosciuta, tanto che da più parti si è sostenuta persino l'esistenza di una vera e propria lobby omosessuale», ha ricordato l'avvocato, «se il legislatore ammettesse i "diritti" degli omosessuali "non solo riconoscerebbe come legittima tale scelta sessuale, ma, di fatto, la definirebbe come status e arriverebbe a promuoverla con una legislazione di favore alimentata da una ratio che non potrà che condurre alla piena equiparazione giuridica della famiglia composta da uomo e donna a quella omosessuale». In pratica, si tratterebbe di un vulnus gravissimo «non solo per quei valori immutabili del diritto naturale e cristiano che hanno costituito e costituiscono le radici della nostra civiltà giuridica, ma per le basi stesse del nostro ordinamento. In conclusione, non esiste, né può esistere una legge "buona" sull'omosessualità, perché è intrinsecamente 'cattivo' il concetto stesso di una legge che si limiti anche solo a definire tale categoria».

Dopo Vitelli, ha preso la parola Alberto Zelger, presidente del Mevd, che è anche consigliere comunale a Verona. Zelger ha ricordato i numerosi episodi di intimidazione e di aggressione fisica e verbale che le associazioni LGBT hanno messo in atto contro chiunque sostenga la priorità della famiglia naturale sulle unioni gay. Lo stesso consigliere comunale è stato oggetto di pesanti attacchi nello scorso mese di luglio. Peccato che chi definisce gli eterosessuali addirittura dei "seminatori d'odio" non tenga in considerazione il fatto che «l'Italia è tra i paesi più tolleranti nei confronti dell'omosessualità, come dimostrano i dati del rapporto del Pew Research Center. Al contrario, i veri discriminati sono sempre più spesso coloro che la pensano diversamente dalle associazioni LGBT. La proposta di legge contro l'omofobia vorrebbe addirittura metterli in galera, togliendo loro ogni spazio di espressione in ambito pubblico». Zelger ha poi enumerato tutta una serie di episodi in cui l'intolleranza ideologica delle lobby omosessualiste si è manifestata in tutta la sua violenza: sit-in contro mons. Crepaldi, vescovo di Trieste, linciaggio mediatico nei confronti di insegnanti di religione, che ormai sono costretti anche ad autocensurarsi, contestazioni a varie conferenze sul gender, censura verso chi, tra gli psicologi cattolici, sostiene che si possa uscire dall'omosessualità e così via.

Vittorio Lodolo D'Oria, presidente dell'Associazione Famiglie Numerose Cattoliche, ha invece voluto commentare la "*Strategia nazionale per la prevenzione e il contrasto delle discriminazioni basate sull'orientamento sessuale e sull'identità di genere*", documento approvato lo scorso mese di aprile dal Dipartimento delle Pari Opportunità. Tale testo è di una gravità inaudita, perché «il principio secondo cui l'educazione sessuale dei figli compete ai genitori è stato del tutto disatteso: nessuna associazione familiare è infatti stata invitata a far parte del gruppo di lavoro per la stesura dello stesso». Inoltre «non sono state interpellate nemmeno le associazioni professionali dei docenti», perché hanno contribuito ad elaborare il documento solo ben 29 gruppi LGBT, «che rappresentano una sparuta minoranza della società: è il classico esempio di dittatura della minoranza che impone un indottrinamento acritico e generale a tutti, senza che nessuno possa esprimersi al riguardo». In tempi di crisi economica, quest'operazione di indottrinamento verso studenti e docenti è stata finanziata con ben 10 milioni di euro. Lodolo D'Oria ha chiesto pertanto il ritiro del documento e ha sollecitato il mondo politico a organizzare manifestazioni pubbliche a sostegno della vera famiglia.

Infine, ha preso la parola l'avv. Gianfranco Amato, presidente dei Giuristi per la Vita, che ha attaccato la decisione del sindaco di Roma di annullare, improvvisamente, la conferenza sull'ideologia del gender prevista al Campidoglio e regolarmente chiesta con oltre un mese di anticipo. «L'arroganza intollerante del Sindaco della Capitale – ha dichiarato Amato – ha davvero travalicato il livello di guardia delle garanzie liberali nel nostro Paese, arrivando a determinare una vera e propria emergenza democratica. Se oggi si pretende di censurare le libere opinioni in materia di gender attraverso un odioso abuso di potere, domani il bavaglio giungerà con la privazione della stessa libertà personale, attraverso la reclusione minacciata con l'assurda legge anti-omofobia che si pretende di approvare in Parlamento». Amato ha anche ricordato che oggi chi si oppone all'ideologia omosessualista è considerato alla stregua dei negazionisti della Shoah o a chi, razzista, sosteneva l'apartheid. Tutto ciò è inammissibile e per questo occorre reagire con prontezza, senza cedere a compromessi.

A sostegno del presidente dei Giuristi per la Vita è intervenuta anche Lavina Mennuni, consigliere comunale a Roma, che era presente alla conferenza stampa. La Mennuni ha invitato tutte le associazioni cattoliche che difendono la vita e la famiglia a far sentire la loro voce presso le istituzioni e a raccordarsi per creare una vera strategia contro chi vuole imporre per legge l'ideologia del gender. Ha partecipato all'incontro anche l'on. Eugenia Roccella, tra l'altro, ha voluto ricordare il business della maternità surrogata, vale a dire la partica dell'utero in affitto, della quale si sta facendo un vero e proprio commercio che non può non imbarazzare. Numerosi sono stati gli interventi e le domande dei presenti in sala, che hanno partecipato con viva attenzione e grande convinzione, segno che la battaglia per la famiglia e per la ragione non è ancora persa.

Casi nel mondo

L'emergenza eterofobia non è, purtroppo, un fenomeno che caratterizza solo in nostro Paese. Basta dare un'occhiata a quello che accade nel resto d'Europa per rendersene conto.

Nel Regno Unito, in particolare, mentre in Italia accadevano i casi di eterofobia denunciati, si è assistito ad una inquietante *escalation* di episodi di intolleranza. Vale la pena esaminarne alcuni.

Winbledon, 1 luglio 2013, ore 16.50, davanti al *Center Court Shopping Center*. Questa è la scena in cui viene eseguito da tre agenti di polizia l'arresto di Tony Miano, quarantanovenne statunitense, ex Vice Sceriffo della Contea di Los Angeles oggi "*street preacher*", predicatore di strada, che ha avuto la disavventura di commentare in pubblico il Capitolo 4 della Prima Lettera ai Tessalonicesi di San Paolo, nel punto in cui si condanna l'immoralità sessuale. Alcune ore prima, infatti, un'adirata signora, dopo aver apostrofato Tony Miano con un sonoro «*F off*», ha richiesto l'intervento della polizia, sentendosi minacciata ed offesa dalle «affermazioni omofobiche al vetriolo» udite durante la predica. Da qui l'arresto disposto ai sensi dell'art. 5 *Public Order Act*, con l'aggravante omofobica. Al reo la polizia propone di accettare una multa di 90 sterline e la garanzia di poter tornare nel Regno Unito, minacciando di sottoporlo, in caso di mancata accettazione, ad un formale interrogatorio. Tony, ritenendo di non aver commesso alcun reato, chiede l'intervento di un avvocato. A quel punto, dopo le fotografie di rito, la registrazione delle impronte digitali ed il prelievo di un campione di DNA, viene tenuto per più di sette ore in una cella con una toilette priva, peraltro, di carta igienica. Alle 21.08, nella Stanza Interrogatori n. 3 della *Wimbledon Police Station* Tony Miano subisce l'interrogatorio, il cui verbale merita di essere trascritto in alcuni suoi passi, rivelandosi assai più eloquente di tanti astratti ragionamenti attorno al tema.

I soggetti coinvolti nell'interrogatorio sono il *Police Interviewer* (P), l'arrestato Tony Miano (T), e il suo avvocato Michael Phillips (A):

> (...)
> P: «Vuole dirci cosa stava facendo fuori dal *Center Court Shopping Center* oggi pomeriggio?»
> T: «Stavo predicando il Vangelo».
> P: «Lo stava facendo da solo?»
> T: «No, ero insieme a degli amici, alcuni dei quali vengono dagli Stati Uniti, altri sono di Londra».
> P: «Da quanto tempo predica il Vangelo?»
> T: «In tutta la mia vita?»
> P: «No, intendo recentemente in questo Paese»
> T: «Dallo scorso 22 giugno».
> (...)
> P: «Quindi Lei predica il Vangelo. C'è una parte specifica del Vangelo che Lei è solito predicare?»
> T: «No. Tutto il Vangelo»
> P: «Quindi Lei comincia dall'inizio e prosegue?»
> T: «Sì. Di solito inizio predicando diversi passaggi delle Sacre Scritture. E una parte della predicazione del Vangelo è costituita dalla condivisione della legge di Dio, al fine di rendere le persone consapevoli dei propri peccati in modo da far comprendere loro l'esigenza di salvezza».
> (...)
> P: «Bene, veniamo ora alle circostanze del Suo arresto. Ricorda esattamente le modalità in cui Lei è stato arrestato? Gli eventi che lo hanno determinato? Le ragioni per cui Lei pensa di essere arrestato? Indipendentemente dal fatto che Lei condivida o meno tali ragioni»

T: «Certo. Stavo predicando un passaggio del Capitolo 4 della Prima Lettera ai Tessalonicesi di San Paolo»
P: «Questo deve consentirmi di scriverlo»
T: «Certo»
P: «1 Tessalonicesi...»
T: «Capitolo 4»
P: «Grazie»
T: «In quel passaggio biblico, l'apostolo Paolo esorta i Tessalonicesi ad astenersi da tutte le forme di immoralità sessuale, ed a vivere un'esistenza santa, ovvero coerente con Dio e la santità di Dio.
P: «Quindi Lei stava predicando quel Capitolo, o meglio alcuni versi dei quel capitolo?»
T: «Esatto»
P: «E dopo cosa è accaduto?»
T: «Stavo predicando sulle varie forme di immoralità sessuale, relative sia agli omosessuali che agli eterosessuali, compresa la fornicazione, ovvero il sesso fuori dal matrimonio»
P: «Bene»
T: «Così come predicavo sull'adulterio, non solo inteso come tradimento del coniuge ma anche come desiderio lussurioso. Gesù ha, infatti, detto che chiunque guarda una persona con concupiscenza, ha già commesso adulterio nel suo cuore. Ho anche predicato che tutte le forme di immoralità sessuale sono un peccato agli occhi di Dio. Peccato che Dio giudicherà, ma peccato che Dio può anche perdonare. Ebbene, prima che riuscissi a completare la declamazione della buona novella del Vangelo, sono stato interrotto. Stavo ancora parlando della legge di Dio, quando sono stato interrotto, proprio sul punto in cui avrei dovuto affrontare il tema del perdono e del dono della vita eterna grazie alla fede in Gesù Cristo».
(..)
P: «Qual è stata la reale intenzione di quello che ha fatto oggi?»
T: «La mia unica intenzione deriva dalla mia fede cristiana che mi insegna di amare Dio con tutto il mio cuore, la mia

anima e la mia mente, e di amare il mio prossimo come me stesso. E il più grande gesto d'amore che potrei fare per il mio prossimo è quello di mettere in guardia dalla collera di Dio contro il peccato ed indicare l'unica Persona che può perdonare, ossia Gesù Cristo»
P: «D'accordo»
T: «Quindi il mio solo intento era quello di amare il mio prossimo mediante il Vangelo»
P: «D'accordo, ma Lei crede a causa della Sua religione che l'omosessualità sia un peccato?»
T: «Certamente»
P: «Come pensa che la gente possa percepire questo?»
T: «Io penso che sia assolutamente importante distinguere tra l'omosessualità come peccato e l'individuo come peccatore. Una persona che pecca contro di Dio è sottoposta alla giustizia divina indipendentemente dal tipo e dalla natura del peccato. Questo vale anche per una persona che mente, una che ruba, una che prova nel proprio cuore rancore, risentimento, odio, una persona scontenta dei doni che Dio gli ha regalato e invidia ciò che hanno gli altri, una persona che pronuncia il nome di Dio invano, che è egoista»
P: «Va bene»
T: «Vorrei tornare alla distinzione tra l'atto in sé e la persona che ha l'inclinazione a compiere l'atto. Non è la stessa cosa. Non si può dire che una persona è malvagia solo perché ha un'inclinazione all'omosessualità. (...) Il punto è che tutti noi siamo peccatori e indegni della gloria di Dio. Ecco perché quando oggi parlavo pubblicamente non lo facevo soltanto nei confronti dell'omosessualità ma di tutte le forme di fornicazione. Fornicazione eterosessuale, adulterio eterosessuale, desiderio concupiscente, e tante altre forme di sessualità immorale che rappresentano un peccato agli occhi di Dio»
P: «D'accordo. Mi faccia fare un esempio giusto per capire meglio. Deve scusare la mia ignoranza in materia religiosa. Quindi, se due uomini passeggiano tenendosi per mano, e a Lei appaiono due omosessuali, li considererebbe peccatori?»

T: «Sì»
P: «Bene, questo è quello che volevo sapere. Quindi, tenendo conto del senso della parola peccato, a questo riguardo, Lei non pensa che quello che ha fatto oggi, predicare il Vangelo facendo apprezzamenti sul fatto che l'omosessualità sia un peccato, possa aver indispettito qualcuno?»
T: «Io penso che potrebbe aver indispettito qualcuno, perché molti amano il proprio peccato. Io penso che se qualcuno fosse passato mentre io parlavo a proposito della menzogna, e quel qualcuno avesse appena mentito, probabilmente si sarebbe indispettito. La stessa cosa sarebbe successa se avessi parlato dell'odio nei confronti del prossimo e qualcuno che cova rancore nel profondo del proprio cuore fosse passato da lì. Tutto ciò dipende dal fatto che la gente non ama sentirsi rinfacciare il proprio peccato contro la santità di Dio»
P: «Sì ma il punto è che non tutti hanno un sentimento religioso, e quindi non tutti vedono l'omosessualità come un peccato. Non è così?»
T: «Non penso che il punto sia rilevante, perché Dio lo vede come un peccato».
(...)
P: «Così Lei invece è offeso da questo perché è religioso?»
T: «Offeso da cosa, scusi?»
P: «Dall'omosessualità»
T: «Gli omosessuali non mi fanno nulla»
P: «No»
T: «Loro offendono Dio, perché...»
P: «Va bene. Non la offende»
T: «Proprio come i miei peccati offendono Dio»
P: «Non La offende?»
T: «No. Io non nutro né rancore né risentimento»
P: «Va bene»
T: «Nei confronti degli omosessuali o...»
P: «Questo è quello che volevo sentire. Lei non ha, non ha...»
T: «Io non ho nessuna rabbia nei loro confronti»

P: «E non li ha mai discriminati?»
T: «No»
P: «Quindi se qualcuno che Lei sa essere un omosessuale venisse da Lei e Le chiedesse un favore, Lei sarebbe disposto a farglielo?»
T: «La parola di Dio mi dice di amare il mio prossimo come me stesso»
P: «Va bene»
T: «Questo vuol dire che se un omosessuale viene da me e mi dice: "Ho fame e ho bisogno di mangiare", io lo porterei nel più vicino ristorante e gli darei da mangiare e condividerei con lui la parola del Vangelo, perché lo amo»
P: «Bene, mi dica allora cosa stava facendo oggi, visto che dagli atti risulta che Lei abbia offeso qualcuno».
(...)
P: «Il punto ovviamente è sempre quello che Lei già sa. Io comprendo le Sue opinioni religiose e il fatto che Lei stesse predicando il Vangelo. Come Le ho detto prima, però, non tutti sono religiosi. Pertanto non tutti, ovviamente, hanno la Sua stessa conoscenza del Vangelo»
T: «Giusto»
P: «Io certamente no, per esempio. Quindi, Lei accetta che quello che Lei dice può offendere qualcuno?»
T: «No. Non lo accetto. Io ho anche visto persone con le lacrime agli occhi convertirsi alla fede di Gesù Cristo, dopo aver preso coscienza del proprio peccato contro Dio. Per me, ciò che conta è la parola di Dio a proposito della natura umana, indipendentemente da quello che una persona esprime con la bocca, con il comportamento o con il linguaggio del corpo, e anche se qualcuno dicesse di sentirsi offeso o insultato, questo potrebbe non essere vero. Potrebbe benissimo verificarsi il caso che quella persona si sia convinta nel cuore, ma non voglia darlo a vedere a chi l'ha convinta»
P: «Va bene»
T: «E questa, tra l'altro, è sempre la mia speranza».
P: «Va bene»

T: «La mia speranza è che quella signora che mi ha denunciato vada a casa stasera, si penta del suo peccato e confidi nella misericordia salvifica di Nostro Signore Gesù Cristo, che un giorno potrei adorare nei cieli accanto a lei»
P: «Va bene. Ho un'ultima domanda per Lei. Crede che quello che Lei ha fatto possa essere accettabile in un luogo pubblico?»
T: «Assolutamente»
P: «Io non so quanta della gente che camminava oggi avesse in mente solo il campionato di tennis, ma Lei crede davvero che quello che ha fatto, le cose che ha detto fosse accettabile dal 100% delle persone in un luogo pubblico?»
T: «Non solo accettabili dal 100%, ma anche volute da Dio».
P: «Va bene»
T: «Io sono stato inviato da Dio ad amare il mio prossimo e proclamare il Vangelo a quanta più gente posso raggiungere»
P: «Lo farebbe di nuovo domani?»
T: «Se avessi la possibilità, sì»
P: «Va bene. Va bene. Ho capito. Ho fatto la domanda che avevo bisogno di fare. Questo è il Suo interrogatorio, ovvero la possibilità di dare la Sua versione dei fatti in ordine alle circostanze che hanno determinato il Suo arresto, e a qualunque altro elemento utile al caso. Ha qualcos'altro da riferire o aggiungere prima che venga spento il registratore?»
T: «Non penso. Ritengo di aver detto tutto».
A: «Io avevo solo un paio di domande. Cosa risponderebbe a qualcuno che dicesse che Lei stava cercando di insultare le persone?»
T: «Direi che si sbaglia»
A: «E perché direbbe così?»
T: «La ragione per cui ero là fuori a predicare, la ragione per cui sono venuto a Londra dal Sud della California è che amo il mio prossimo e intendo trasmettere a tutti la verità del Vangelo. Io spero di essere uno strumento di Dio per condurre le persone al pentimento ed alla conversione nel-

la fede in Gesù Cristo. Non c'è mai stato in me nessun intento di offendere, e nessun intento di infiammare gli animi. Certo la gente non sarà d'accordo con tutto quello che dico, così come io non sono d'accordo con tutto quello che la gente dice. Ma la mia intenzione è amare il mio prossimo come lui ama me, e condividere il Vangelo, in modo che io possa ricevere il perdono per i miei peccati e la grazia della vita eterna. Questo è il motivo per cui sono venuto a Londra l'anno scorso durante le Olimpiadi. Questo è il motivo per cui sono venuto a Wimbledon quest'anno. E questo è il motivo per cui spero di ritornare molte alte volte in futuro. Perché io amo questo Paese e amo la gente di questo Paese. E non voglio vedere nessuno condannato alla dannazione eterna».
A: «Un'altra domanda in merito al contesto culturale. Qualcuno potrebbe dire che il Suo comportamento è molto americano e che gli Stati Uniti sono un Paese molto più religioso del nostro. Lei cosa replicherebbe?»
T: «Beh, certamente riguardo a questo tema, in realtà, non ci sono differenze tra i nostri due Paesi, dal punto di vista culturale. So cosa accade nel vostro Paese e posso assicuravi che da noi è esattamente lo stesso. Il messaggio che ho predicato ieri è lo stesso che continuo a predicare nel mio Paese, perché i temi sono esattamente gli stessi». (...).

Sembra di leggere uno dei resoconti degli *Acta Martyrum*, con il piccolo particolare che si tratta di fatti accaduti nel XXI secolo in un Paese che ama definirsi civile e liberale. Un Paese nel quale, peraltro, oggi disapprovare il *gay pride* può costare una denuncia penale.

È capitato, alla fine di agosto del 2013, al Reverendo Dr. Alan Clifford, un Pastore della Chiesa Riformata Scozzese di Norwich, che ha avuto la malaugurata idea di inviare agli organizzatori del locale *gay pride* due email con citazioni del Vangelo. La prima aveva come titolo dell'oggetto: «*Cristo può curare – Buone notizie per gli omosessuali*». La seconda, invece, indicava come oggetto: «*Gesù Cristo – Il Salvatore di cui tutti abbiamo bisogno*».

I destinatari delle due missive telematiche non hanno evidentemente gradito il contenuto, e invece di cancellarle o rispondere per le rime, hanno deciso di denunciare il fatto alla polizia considerandolo un "*hate incident*". Un evidente caso di odio omofobico. Così, un tranquillo sabato pomeriggio, il reverendo si è sentito bussare alla porta da un giovane poliziotto della *Norfolk Constabulary*. Immaginando che la visita fosse dovuta a qualche bagatella del vicinato (un furto, atti di vandalismo, rumori molesti), il Dr. Clifford è trasecolato quando ha saputo che nei suoi confronti era stata presentata una formale denuncia per "*homophobic hate*". Il poliziotto ha quindi invitato il reverendo a conciliare mediante il pagamento di una multa ridotta, oppure a verbalizzare la sua eventuale opposizione. Il Dr. Clifford, peraltro, viene descritto dal giornalista del settimanale *The Spectator* che lo ha poi intervistato, come una persona intelligente, colta e posata, il cui carattere è così «lontano dall'odio, come l'ombra dalla superficie del sole». Facendo leva sulla propria indole serena e dialogante, lo stesso Dr. Clifford ha cercato pacatamente di convincere il poliziotto dell'infondatezza dell'accusa rivoltagli, cominciando a spiegare – con il tono accademico che si confà ad un dottore in teologia – che il termine "omofobia", deriva dal greco "fobia" che significa paura e non comprende quindi il concetto di odio. Quindi ha precisato: «Io ho certamente timore dell'influenza che l'omosessualità può avere nella società, ma questo non può certo essere considerato "odio", a meno che il fatto stesso di criticare possa essere considerato "odio"». Poi, ha completato il suo ragionamento, specificando che le sue email erano definite nel sottotitolo come «*Un appassionato invito alla conversione cristiana*», ed ha domandato: «Può questo considerarsi odio? Noi non odiamo gli omosessuali, anzi li amiamo e vogliamo aiutarli; quindi anche se gli organizzatori del *gay pride* non hanno gradito l'invito, noi non siamo comunque colpevoli di alcun reato». Infine, ha evidenziato l'infondatezza degli addebiti dal punto di vista legale, citando il caso *Handyside v UK* (1976) trattato dalla Corte Europea dei Diritti dell'Uomo, in cui veniva riconosciuto il principio secondo il quale la libertà di espressione comprende non solo espressioni o idee che sono riconosciute come non offensive, ma anche «quelle che possono offendere, scioccare o disturbare ogni fascia o settore della popolazione, poiché così impone la natura pluralista, tollerante e liberale che necessariamente caratterizza una società democratica». Per apparire ancora più convincente lo stesso Dr. Clifford, inoltre, ha provato a citare anche il caso *Redmond Bate v DPP* (2000), in cui il giudice inglese Lord Justice Sedley si è pronunciato affermando: «La libertà di parola include non solo espressioni inoffensive ma quelle che possono irritare, sempre che esse non incitino alla violenza; una libertà di parola limitata solo alle espressioni inoffensive, non può considerarsi una piena libertà».

La difesa del reverendo non ha però convinto il poliziotto, il quale si è limitato a reiterare l'offerta di pagare la multa approfittando della possibilità di riduzione. Una sorta di autovelox: catturata l'immagine della violazione omofobica, si può pagare una multa ridotta. Di fronte al rifiuto del Dr. Clifford, l'agente ha fatto rapporto al suo superiore, il quale ha trasmesso gli atti al *Crown Prosecutor Service*, corrispondente grosso modo alla nostra Procura della Repubblica. La questione non pare, a questo punto, mettersi bene per il denunciato. Infatti in Gran Bretagna, come vedremo, nessuna legge dà una definizione esatta del concetto di omofobia e transfobia, che viene pertanto rimesso alla mera percezione della vittima. Saranno quindi gli organizzatori del *gay pride* di Norwich a definire l'elemento oggettivo del reato di omofobia, motivo per cui il reverendo Clifford ha giustamente cominciato ad intensificare le preghiere quotidiane.

Sempre in Inghilterra San Paolo continua ad essere fuori legge, nonostante il fatto che a Londra ci sia una cattedrale a lui dedicata, che è pure la Chiesa madre della diocesi anglicana londinese. Lo sanno bene gli agguerriti e volenterosi avvocati del *Christian Legal Center*, cui tocca difendere, con una sempre maggiore e preoccupante frequenza, i predicatori di strada che si ostinano a citare le parole dell'omofobo Apostolo delle Genti.

È davvero preoccupante l'accanimento da caccia alle streghe con cui vengono colpiti gli *street preacher*. Dopo il caso di Tony Miano, arrestato a Wimbledon nel luglio 2013, è poi toccato a Miguel Hayworth, ventinovenne predicatore, fermato, a settembre, dalla polizia a Maidstone nel Kent. Il reato contestato è quello di aver citato brani tratti da due lettere di San Paolo. La prima è quella ai Romani, Cap.1 versetti 24-27: «Perciò Dio li ha abbandonati all'impurità secondo i desideri del loro cuore, sì da disonorare fra di loro i propri corpi, poiché essi hanno cambiato la verità di Dio con la menzogna e hanno venerato e adorato la creatura al posto del creatore, che è benedetto nei secoli. Amen. Per questo Dio li ha abbandonati a passioni infami; le loro donne hanno cambiato i rapporti naturali in rapporti contro natura. Egualmente anche gli uomini, lasciando il rapporto naturale con la donna, si sono accesi di passione gli uni per gli altri, commettendo atti ignominiosi uomini con uomini, ricevendo così in se stessi la punizione che s'addiceva al loro traviamento». Nella lingua originale usata da San Paolo, peraltro, risulta ancor più chiaro il senso sessualmente allusivo di quale fosse la degna ricompensa («τὴν ἀντιμισθίαν») che gli uomini omosessuali ricevono nel proprio corpo, a causa della loro depravazione («τῆς πλάνης αὐτῶν»). L'altro brano della lettera paolina contestata a Hayworth è tratto dalla prima epistola ai Corinti, Cap. 6, versetto 9: «Non sapete voi che gli ingiusti non erediteranno il regno di Dio? Non v'illudete; né i fornicatori, né gl'idolatri, né gli adulteri, né gli effeminati, né i sodomiti». Questi ultimi nel testo originale greco vengono definiti dall'apostolo come «ἀρσενοκοῖται», termine dispregiativo e poco *politically correct*. Comunque, sul punto San Paolo è esplicito: «*neque molles neque masculorum concubitores*», con le loro «*passiones ignominiae*», vedranno la salvezza, essendo destinati alla dannazione eterna a causa della loro perversione. Troppo per gli standard della legislazione antiomofoba del Regno Unito. Per questo, in virtù del famigerato art. 5 del *Public Order Act*, Miguel Hayworth è finito in gattabuia. Ma non è ancora l'ultimo caso. Il 6 settembre 2013, infatti, è toccato a Rob Hughes, arrestato dalla polizia mentre predicava a Basildon, città della contea inglese dell'Essex meridionale. In quel caso sono stati contestati a Hughes commenti ingiuriosi, rivelatisi poi inesistenti. Ciò non ha impedito al malcapitato predicatore di restare rinchiuso per sette ore e mezzo (dalle 16.00 alle 23.30) nella camera di sicurezza della stazione di polizia di Basildon. È stato rilasciato grazie al provvidenziale intervento degli avvocati del *Christian Legal Center*, i quali sono riusciti a dimostrare la falsità delle accuse. Sembra davvero che per i cristiani del Regno Unito si sia rovesciato il principio di presunzione d'innocenza, per cui essi sono «*presumed guilty until found to be innocent*», come ha riferito lo stesso Hughes dopo il rilascio. L'avvocatessa Andrea Williams del *Christian Legal Center* ha parlato di un'allarmante frequenza («*this is happening alarmingly often now*») dei casi di arresto dei predicatori che citano gli insegnamenti di San Paolo ritenuti omofobi.

In Scozia le cose non vanno molto meglio. Alla fine di settembre, a Perth, è stato arrestato l'ennesimo predicatore (il quarto da luglio nel Regno Unito). Si tratta del reverendo Josh Williamson, nei cui confronti è stata mossa la solita accusa di "*hate crime*", di incitamento all'odio. Sì, perché sostenere che l'omosessualità rappresenti una grave depravazione morale, impedisca la salvezza eterna, si configuri come un comportamento contro natura, rappresenta, nei Paesi in cui vige la legislazione antiomofoba, una vera e propria forma di incitamento all'odio.

Questa ondata anticristiana, che pare sempre più intensificarsi attraverso odiose forme persecutorie, non prelude a nulla di buono. Resta fermo per gli stessi cristiani il monito profetico lasciato in eredità dal loro Maestro: «*si mundus vos odit scitote quia me priorem vobis odio habuit*».

Se si varca l'Oceano, la situazione risulta ancora peggiore. Per comprendere meglio quali possano essere le surreali conseguenze di una legislazione antiomofobia che si trasforma in persecuzione eterofoba, bastano le notizie giunte dagli Stati Uniti nel periodo delle citate vicende Barilla, Casale Monferrato, Cerrelli e Marino.

Due casi simbolo possono rendere l'idea. Il primo è accaduto nell'Oregon, dove i coniugi Aaron e Melissa Klein, una coppia cristiana che gestisce una pasticceria specializzata in torte nuziali – il locale si chiama "*Sweet Cakes*" – è finita davanti alla Sezione Diritti Civili dell'*Oregon's Bureau of Labor and Industries*, e si trova oggi sotto inchiesta per la violazione dell'*Oregon Equality Act 2007*, la legge contro le discriminazioni basate sull'orientamento sessuale. I due si trovano nei guai a seguito di un *anti-discrimination complaint*, un formale ricorso proposto da Rachel and Laurel Bowman-Cryer, lesbiche che hanno deciso di contrarre regolare matrimonio. I motivi della denuncia risiedono nel fatto che di fronte alla richiesta delle due omosessuali di preparare la torta nuziale, i coniugi Klein hanno opposto il proprio rifiuto, invocando l'obiezione di coscienza per motivi religiosi. Aaron Klein ha avuto l'impudenza di rilasciare la seguente dichiarazione: «Io credo che il matrimonio sia un'istituzione religiosa creata da Dio, come si legge in quel passo della Genesi in cui si dice che un uomo lascerà i propri genitori per unirsi a sua moglie; questo per me è il fondamento e la base del matrimonio». Questa frase non gli è costata solo la denuncia, ma anche una gragnola di insulti, improperi e persino minacce di morte, oltre al boicottaggio e picchettaggio del locale, con conseguente perdita economica di quasi il cinquanta per cento dei ricavi, ed una furiosa reazione da parte dei gruppi gay. Con buona pace dello spirito di tolleranza degli asseriti "discriminati" per motivi sessuali. Klein ha comunque dimostrato di essere un cristiano tutto d'un pezzo: «Siamo in difficoltà, ma in fondo la mia fede è per me più importante dei soldi; io continuerò a difendere ciò in cui credo, e non penso che qualcuno possa costringermi a compiere atti contro la mia religione».

Quello della torta nuziale per matrimoni gay è diventato un problema che comincia a diffondersi negli USA, visto che anche nel Colorado un collega dei Klein, titolare di una pasticceria, è finito per i medesimi motivi dinanzi alla *Colorado's Civil Rights Commission* (l'udienza è fissata per il prossimo mese), e secondo la legislazione di quello Stato, il malcapitato pasticciere rischia persino la galera.

Un altro caso americano che merita di essere citato, a mo' di esempio, è quello di un'altra coppia di coniugi cristiani dell'Iowa. Si tratta di Dick e Betty Odgaard proprietari della *Gorts Haus Gallery*, un locale destinato allo svolgimento di celebrazioni nuziali.

Anche in questo caso, il rifiuto di consentire al signor Lee Stafford ed al suo partner di utilizzare il proprio locale per il matrimonio, ha fatto finire gli Odgaard davanti alla *Iowa Human Rights Commission*. Ai due coniugi non è stata risparmiata l'onta del pubblico ludibrio e del linciaggio, attraverso uno stillicidio di messaggi che hanno raggiunto il livello di una sessantina di email e una trentina di telefonate al giorno. I più educati di quei messaggi erano di questo tenore: «Come vi sentite sapendo che l'America e il mondo intero sarebbe un posto migliore senza di voi?». Inevitabile, poi, il boicottaggio economico con le conseguenti perdite d'incassi.

Anche in questo caso a nulla è servita l'invocazione del diritto alla libertà di credo religioso. La signora Odgaard aveva, infatti, tentato di spiegare che il rifiuto di concedere il locale era esclusivamente fondato «su motivi di carattere religioso» e non altro: «Noi vogliamo che la gente sappia che abbiamo agito così per la nostra fede, per le nostre convinzioni».

Per il futuro sposo gay Lee Stafford le motivazioni di carattere religioso degli Odgaard non hanno alcun rilievo: «Il fatto è che noi siamo stati discriminati per il nostro orientamento sessuale; il codice dello Iowa sancisce che chi gestisce locali aperti al pubblico non può porre in essere simili discriminazioni».

In effetti, questo prescrive la legge, e molto probabilmente Dick e Betty Odgaard verranno condannati. A meno che non si trovi nello Stato di Iowa un giudice disposto a riconoscere ai cristiani il diritto all'obiezione di coscienza. La qual cosa potrebbe non essere impossibile se si considera un fatto. Il matrimonio omosessuale nell'Iowa è stato reso legale il 27 aprile 2009 a seguito di una sentenza della Corte Suprema di quello Stato nel celebre caso *Varnum v. Brien*. Il 2 novembre 2010, in occasione delle elezioni per il rinnovo, i tre giudici della Corte che all'unanimità si erano pronunciati a favore delle nozze gay, David Baker, Michael Streit e Marsha Ternus, sono stati puniti dal voto elettorale e non più riconfermati nell'alta carica, grazie anche alla dura campagna promossa dal *National Organization for Marriage*, un'organizzazione che si batte in difesa del matrimonio naturale tra persone di sesso opposto. In America contro i giudici creativi esiste almeno questo rimedio.

I matrimoni gay negli Stati Uniti continuano, peraltro, a generare casi di odiosa discriminazione al contrario. Dopo le torte nuziali, è toccato ai fotografi. La Corte Suprema del New Messico, infatti, ha deciso all'unanimità che un fotografo non può rifiutarsi di fare un servizio per una celebrazione nuziale omosessuale. È accaduto ad Elane Huguenin e a suo marito Jon, titolari della ditta "Elane Photography" di Albuquerque.

Quando nel 2008 la lesbica Vanessa Willock, contattò Elane Huguenin per il servizio fotografico del matrimonio che intendeva celebrare con la propria fidanzata, si sentì opporre un cortese rifiuto dettato da motivazioni di ordine religioso. Il caso finì davanti alla *New Mexico Human Rights Commission*, la quale si espresse a favore della ricorrente omosessuale, riconoscendo a carico dei coniugi Huguenin una violazione delle leggi contro la discriminazione per motivi di orientamento sessuale. Tali disposizioni normative, infatti, vietano «nell'erogazione di servizi al pubblico ogni forma di discriminazione, diretta o indiretta, basata sull'orientamento sessuale». Di fronte alla sanzione pecuniaria di 7.000 dollari irrogata dalla Commissione, gli Huguenin decisero di ricorrere alla *Mexico State Court of Appeals*, sostenendo che «la costrizione a compiere un atto contrario ai propri convincimenti riguardo l'omosessualità, sarebbe stato come imporre ad un afro-americano di fotografare membri del Klu Klux Klan».

Nel giugno 2013 la *Mexico State Court of Appeals*, con una corposa sentenza di quarantacinque pagine, ha confermato la decisione della Commissione, stabilendo che gli stessi Huguenin dovessero «accettare i ragionevoli dettami normativi e relativi limiti imposti all'attività commerciale da essi condotta, a nulla rilevando i propri personali convincimenti religiosi in contrasto con l'interesse pubblico». Nella stessa sentenza veniva precisato, peraltro, che «il Klu Klux Klan non è una categoria protetta, mentre l'orientamento sessuale lo è», e che, anzi, «il comportamento discriminatorio tenuto dagli stessi titolari della Elane Photography nei confronti di una coppia omosessuale, equivale a tutti gli effetti, dal punto di vista giuridico, al rifiuto di fare un servizio fotografico in un matrimonio tra persone di razza diversa».

La fede, secondo i giudici estensori della sentenza, «può essere praticata privatamente ma non pubblicamente nell'esercizio di un'impresa, perché in questo caso il prezzo da pagare (*pay the price*) per le proprie convinzioni cristiane è quello di lasciarle a casa (*check their Christian convictions at the door*)».

La questione è finita davanti alla Suprema Corte dello Stato del New Messico che ha confermato tutte le precedenti decisioni emesse contro gli Huguenin, sul presupposto che tutti devono rinunciare ad una parte dei propri diritti per far valere i diritti opposti vantati da altri.

Di fronte a simili casi di intolleranza vengono in mente le parole del presidente americano Roosevelt pronunciate nel suo celebre messaggio al Congresso del 6 gennaio 1941, noto come il discorso delle "quattro libertà": «Nel futuro che noi cerchiamo di rendere sicuro, desideriamo ardentemente un mondo fondato su quattro libertà fondamentali dell'uomo. La prima è la libertà di parola e di espressione, ovunque nel mondo. La seconda è la libertà religiosa per qualunque credo, ovunque nel mondo. La terza è la libertà dal bisogno, ovunque nel mondo. La quarta è la libertà dalla paura, ovunque nel mondo».

In quel lontano 1941 Roosevelt pensava alla tragica situazione degli oppressi da nazismo e comunismo. Non avrebbe mai potuto immaginare che le sue parole sarebbero servite anche per l'America del 2013.

Di fronte ad un'oggettiva emergenza eterofobia, l'abile e pontente macchina propagandistica della lobby gay pretende di convincere l'opinione pubblica italiana dell'esistenza di un clima persecutorio e discriminatorio nei confronti di omosessuali e transessuali, attraverso una campagna informativa fatta di falsità e mistificazione. E quanto sia pericolosa la falsità e la mistificazione in questa delicata materia lo dimostra il caso di Matthew Shepard, il giovane statunitense brutalmente ucciso nell'ottobre 1998 e divenuto, grazie a quella tragica fine, icona del movimento omosessualista internazionale. L'idea che fece il giro del mondo, infatti, fu che Shepard fosse stato torturato dai suoi assassini perché omosessuale. Le modalità crudeli del suo omicidio – fu legato ad un cancello nella linda cittadina di Larami, nel Wyoming – furono addirittura paragonate alla passione di Gesù Cristo.

Nel giro di pochi giorni da quel tragico fatto, Matthew Shepard divenne l'emblema dei movimenti per i diritti gay. Un editoriale del New York Times lo propose come icona dell'omosessualismo, avendone ravvisato tutti i requisiti: era giovane, bello ed innocente.

Quell'immagine era troppo perfetta e troppo comoda per poter essere offuscata dai sospetti che legavano il giovane al mondo della droga, e dai dubbi sollevati dagli stessi investigatori dell'epoca che il movente dell'omicidio non fosse in realtà legato all'omofobia.

Dal 2 ottobre 2013, è disponibile il libro inchiesta sulla vicenda di Shepard scritto dal giornalista omosessuale Stephen Jimenez intitolato "*The Book of Matt*", nel quale vengono finalmente svelati i retroscena di quell'oscuro omicidio. Jimenez, affascinato dal mito di Matthew Shepard, si recò a Laramie nel 2000 con l'intento di raccogliere alcune interviste, utili per la sceneggiatura di un film che avrebbe dovuto rendere omaggio al suo eroe.

Quasi subito, però, lo stesso Jimenez si rese conto che i fatti da lui raccolti nell'indagine sembravano sempre più contraddire l'idea che Shepard fosse stato ucciso a causa del suo orientamento sessuale. A quel punto l'onestà intellettuale e l'indubbia professionalità del giornalista prevalsero sul pregiudizio ideologico. Così, dopo un'indagine durata tredici anni (viaggiando in più di venti stati degli USA e intervistando un centinaio di fonti), Jimenez ha avuto il coraggio di dare alle stampe "*The Book of Matt*", nel quale ricostruisce un'identità di Shepard che i suoi concittadini conoscevano bene, e che mal si concilia con l'aurea di innocenza artatamente creatagli dall'abile macchina mediatica omosessualista.

Si scopre, tra l'altro, che Matthew Shepard era seriamente convolto nel torbido ambiente della droga che girava a Larami, al punto da arrivare lui stesso a improvvisarsi occasionale spacciatore, ed emerge, soprattutto, il fatto che – al contrario della versione ufficiale di quanto accaduto – egli conoscesse i suoi assassini, con i quali aveva avuto persino rapporti sessuali.

Nel libro Jimenez arriva a ricostruire anche quello che egli ritiene sia stato il vero movente dell'omicidio: Shepard era in possesso di una scorta di metanfetamine che i suoi assassini volevano sottrargli. Uno degli omicidi, Aaron McKinney, era, peraltro, da cinque giorni sotto effetto di anfetamine, e per questo motivo in quel tipico stato di eccitazione maniacale che determina un comportamento violento e aggressivo.

Su questo mito, oggi infranto, si è abilmente imbastita una delle più incredibili, potenti ed efficaci campagne della propaganda omosessualista. Alcuni esempi possono servire a dimostrarlo. Coretta Scott King, vedova di Martin Luther King, scrisse a Judy Shepard, madre del ragazzo ucciso, esprimendo il proprio cordoglio e la speranza che i diritti civili possano includere, in futuro, i diritti di gay e lesbiche. L'attrice Ellen DeGeneres presenziò ad un servizio commemorativo su Shepard a Washington, dove affermò che il proprio *coming out* avvenuto poco prima dell'attacco era stato per «evitare che questo tipo di cose accadessero». Sono stati prodotti ben tre film sulla storia di Shepard: *Anatomy of a Hate Crime* (2001), *The Laramie Project* (2002), basato sul dramma teatrale che porta lo stesso nome, e *The Matthew Shepard Story* (2002). Due anni fa, nel 2011, il *visual artist* Antonello Morsillo dedicò a Shepard un quadro su tela raffigurandolo come un angelo all'interno della mostra "*Svestiti di carne - I martiri del pensiero*", presso il Caffè letterario di Roma, accanto alle figure di Pier Paolo Pasolini, Ipazia, Giordano Bruno, Martin Luther King e altre. Allo stesso Shepard sono state dedicate ben diciassette canzoni, anche da parte di rock star del calibro del cantante inglese Elton John.

Il caso Shepard spinse il presidente Bill Clinton a rinnovare i tentativi di estendere la legge federale in materia di crimini per pregiudizio includendo individui gay, lesbiche e disabili. Questi tentativi sono stati fermati, nel 1999, dalla maggioranza repubblicana della Camera dei Rappresentanti degli Stati Uniti d'America. Successivamente, durante l'Amministrazione di Barack Obama, e fortemente volute dallo stesso Presidente, la normativa anti omofobia viene riproposta e definitivamente approvata dalla maggioranza democratica di Camera e Senato nell'ottobre del 2009, attraverso il *Matthew Shepard Act*, la legge che porta il nome stesso del "martire" di Larami.

Se il lettore si chiede cosa c'entri tutta questa vicenda con i fatti di casa nostra e il disegno di legge Scalfarotto è presto servito. Basta, infatti, recuperare i resoconti stenografici della Commissione Giustizia della Camera dei Deputati nella seduta di giovedì 6 giugno 2013, la prima dedicata alla discussione del DDL contenente *Disposizioni in materia di contrasto dell'omofobia e della transfobia*, C. 245 Scalfarotto e altri.

Il primo a prendere la parola in quella storica seduta fu proprio il relatore on. Ivan Scalfarotto, che esordisce in questi termini: «Matthew Shepard nacque a Casper, nel Wyoming, il 1° dicembre 1976. Era il primo figlio di Dennis Shepard e Judy Peck Shepard».

Segue un lunghissimo *excursus* biografico del povero ragazzo ed una dettagliata e macabra descrizione del tragico evento (quasi da rapporto di polizia giudiziaria), prima di giungere alla frase finale: «il 29 ottobre 2009 il Presidente Obama ha promulgato una legge che punisce l'odio nei confronti delle persone lesbiche, gay, bisessuali, transessuali e transgender. Si chiama il Matthew Shepard Act».

Ecco cosa accade quando si legifera sull'onda emotiva di una campagna basata sulla propaganda, ovvero quell'attività che secondo la definizione ufficiale del vocabolario Treccani è costituita dal «complesso di notizie destituite di ogni fondamento, diffuse ad arte e per fini particolari».

KULTURKAMPF OMOSESSUALISTA

A dispetto di una inesistente emergenza sociale legata a fenomeni discriminatori fondati sull'orientamento sessuale, si registra, in realtà, nel nostro Paese un pernicioso tentativo di propaganda culturale e di indottrinamento di stampo omosessualista. Si tratta di una vera e propria *Kulturkampf*, attuata in maniera esplicita o subliminale attraverso, soprattutto, la potenza mediatica pervasiva degli strumenti di comunicazione di massa, che ha come scopo quello di una rivoluzione antropologica.

Ancora più esiziali e pericolosi appaiono i tentativi di indottrinamento delle giovani generazioni attuati nel delicatissimo ambito dell'educazione scolastica.

In questo particolare settore si assiste, ultimamente, ad una vera e propria *escalation* di interventi regolatori, anche a livello internazionale, volti a diffondere tra i giovani, fin dalla tenerissima età, una cultura pansessualista e ispirata all'ideologia del gender.

Alcuni di questi interventi devono essere denunciati.

Standard OMS

Partendo dal livello internazionale, non si può non segnalare come si stata proprio l'Organizzazione Mondiale della Sanità, la potente agenzia specializzata dell'ONU per la salute, ad intervenire sul tema.

Basta leggere il corposo documento denominato *Standard per la Sessualità in Europa*, sottotitolo: *Quadro di riferimento per responsabili delle politiche, autorità scolastiche e sanitarie, specialisti*.

Ad essere precisi il documento risulta predisposto dall'Ufficio Regionale per l'Europa dell'OMS e dal BZgA. Quest'ultima sigla sta per *Bundeszentrale für gesundheitliche Aufklärung,* il Centro Federale per l'Educazione alla Salute, organismo ministeriale germanico, a comprova che i tedeschi dominano, oltre che nel campo finanziario, anche in ambito sessuale. Aggiunge la sua timida sigla in fondo al documento la FISS, Federazione Italiana Sessuologia Scientifica.

Sebbene il documento dell'OMS sia stato partorito a Colonia nel 2010, e la versione italiana, curata dalla FISS, sia stata pubblicata nel dicembre 2011, la sua diffusione è avvenuta alla fine ottobre 2013. Con un tempismo davvero sospetto.

Lo *Standard per la Sessualità in Europa* prevede un indottrinamento per fasce d'età, attraverso un'attività informativa e educativa su temi, la cui lettura appare illuminante.

Cominciamo dalla prima fascia: quella da zero a quattro anni. Gli infanti, secondo lo *Standard*, devono essere iniziati alla «masturbazione infantile precoce», alla «scoperta del proprio corpo e dei propri genitali», e ad «acquisire consapevolezza dell'identità di genere».

La seconda fascia prevede un'età che va da quattro a sei anni. I bimbi di quell'età non solo devono già conoscere nel dettaglio tutte le singole parti che compongono i propri genitali, ma devono soprattutto nutrire un «rispetto per le differenze» e «rispetto per l'equità di genere», imparando a «consolidare la propria identità di genere», a favorire la «la convinzione "*Il mio corpo appartiene a me*"», a conoscere la possibilità di «relazioni con persone dello stesso sesso», e ad «accettare le diversità».

La terza fascia è quella compresa tra i sei e i dodici anni. A quell'età oltre ad una conoscenza sessuale ormai completa (mestruazione, eiaculazione, contraccezione, aborto, ecc.) occorre avere un «atteggiamento positivo verso l'identità e l'equità di genere», imparare a provare «amicizia e amore verso persone dello stesso sesso», nonché «accettare, rispettare e comprendere le diversità nella sessualità e nell'orientamento sessuale».

La quarta fascia è quella degli adolescenti dai dodici ai quindici anni. Loro devono essere educati sulle «aspettative di ruolo e comportamenti di ruolo rispetto all'eccitazione sessuale e alle differenze di genere», approfondire gli aspetti dell'«identità di genere e dell'orientamento sessuale, compreso fare "*coming out*" (svelare la propria omosessualità)», e, ovviamente, anche loro devono «accettare, rispettare e comprendere le diversità nella sessualità e nell'orientamento sessuali».

La quinta e ultima fascia riguarda i ragazzi dai quindici anni in su. Per loro occorre una fase formativa più avanzata che comprenda, ad esempio, la possibilità di creare «bambini "su misura", genetica», «una visione critica delle diverse norme culturali/religiose inerenti alla gravidanza, la genitorialità, etc.», «fare "*coming out*" di fronte agli altri (ammettere i propri sentimenti omosessuali o bisessuali)», una «accettazione delle differenze negli orientamenti e nelle identità sessuali», il «passaggio da possibili sentimenti negativi, disgusto e odio verso l'omosessualità all'accettazione e all'apprezzamento per le differenze nel campo della sessualità», i «cambiamenti della struttura familiare», approfondire i concetti di «omosessualità, bisessualità, asessualità, monogenitorialità», nonché la capacità di «riconoscere le violazioni dei diritti e denunciare le discriminazioni e la violenza di genere».

Un simile documento va irrefragabilmente bocciato senza appello, per cinque fondamentali ragioni.

1. Rappresenta l'espressione di una cultura che concepisce la sessualità umana unicamente collegandola al corpo, alla sola esperienza genitale e al piacere egoistico, che porta a perdere la serenità – ancora negli anni dell'innocenza – e ad aprire a forme di depravazione.

2. Introduce nell'educazione dei giovani l'esiziale e perniciosa ideologia pansessualista, che proprio attraverso odiose forme di propaganda ed indottrinamento fin dalla tenera età tende a mutare la concezione antropologica dell'uomo, così come è conosciuta da migliaia di anni nella nostra civiltà.

3. Espropria la famiglia – ambito privilegiato e naturale di educazione – del compito di formazione in campo sessuale, disconoscendo il fatto che la stessa famiglia rappresenti l'ambiente più idoneo ad assolvere l'obbligo di assicurare una graduale educazione della vita sessuale, in maniera prudente, armonica e senza particolari traumi.

4. Si pone in palese violazione di due diritti fondamentali riconosciuti, garantiti e tutelati dalla Dichiarazione Universale dei Diritti dell'Uomo: si tratta, in particolare, dell'art. 18, il quale garantisce la libertà di manifestare, isolatamente o in comune, sia in pubblico che in privato, i propri valori religiosi nell'educa-

zione, e l'art. 26 nella parte in cui attribuisce ai genitori il diritto di priorità nella scelta di educazione da impartire ai propri figli.

5. Si pone in palese violazione dell'art. 30 della Costituzione italiana che garantisce e tutela il diritto dei genitori ad educare i propri figli, nonché delle disposizioni del codice penale in materia, e di tutte quelle che pongono quale limite per qualsiasi atto, privato o pubblico, il principio del buon costume.

La vera emergenza oggi nel nostro Paese è fermare la dilagante deriva culturale omosessualista che gode di altissime protezioni a livello istituzionale mondiale e di mezzi potenti. Occorre davvero opporsi alla rivoluzione antropologica in atto.

Documento UNAR

Altra perla di propaganda degna di essere segnalata è il citato documento denominato *Strategia nazionale per la prevenzione e il contrasto delle discriminazioni basate sull'orientamento sessuale e sull'identità di genere (2013-2015)* adottato e diffuso dall'Ufficio Nazionale Antidiscriminazioni Razziali (U.N. A.R.), ente governativo italiano istituito all'interno del Dipartimento per le Pari Opportunità presso la Presidenza del Consiglio dei Ministri.

L'*incipit* del documento non appare molto rasserenante. Si legge, infatti, che «per promuovere efficacemente» le misure del piano strategico proposte anche a livello locale «risulta utile coinvolgere le reti di prossimità quali, ad esempio, i centri regionali antidiscriminazione, i nodi provinciali, le antenne UNAR e le altre strutture messe in campo dagli organismi del decentramento amministrativo (circoscrizioni, municipi, etc.), con l'obiettivo di intercettare e raggiungere in modo capillare» le sacche di discriminazione omofoba presenti nel nostro Paese. Poiché non è precisato, occorre chiedersi cosa siano le "antenne UNAR": uffici, sportelli, organismi di controllo, delatori sotto copertura, spie?

Altri aspetti vengono, invece, chiaramente spiegati. Si legge, ad esempio che esiste la RE.A.DY, ovvero la *Rete nazionale delle*

Pubbliche Amministrazioni Anti Discriminazioni per orientamento sessuale ed identità di genere.

Un leggero brivido, invece, corre lungo la schiena del lettore quando viene a conoscenza dell'esistenza dell'OSCAD. Di cosa si tratti lo spiega il documento dell'UNAR: «L'OSCAD è uno strumento operativo, composto da rappresentanti della Polizia di Stato e dell'Arma dei Carabinieri, istituito il 2 settembre 2010, nell'ambito della Direzione Centrale della Polizia Criminale del Dipartimento della Pubblica Sicurezza, per prevenire e contrastare gli atti discriminatori che costituiscono reato e per rimuovere i "residui" di pregiudizio che, in alcuni casi, permangono ancora nell'ambito dell'Amministrazione della Pubblica Sicurezza rispetto alle differenze, sia verso l'"esterno" sia all'"interno"». Si precisa anche che «l'OSCAD mira ad agevolare (*sic!*) le denunce di atti discriminatori che costituiscono reato, anche in considerazione dell'appartenenza delle vittime a categorie sociali particolarmente vulnerabili», e «a tal fine, è stato attivato un indirizzo di posta elettronica dedicato (oscad@dcpc.interno.it) cui possono essere inviate, anche in forma anonima, segnalazioni di atti discriminatori». Si percepisce nella lettura un vago e sinistro sentore orwelliano.

Non rasserena, poi, il fatto che la *Strategia Nazionale* venga presentata come un obbligo imposto dal Consiglio d'Europa, soprattutto quando nello stesso documento si evidenzia come particolarmente significativo «il fatto che non possa essere invocato nessun valore culturale, tradizionale o religioso, né qualsivoglia precetto derivante da una "cultura dominante" per giustificare il discorso dell'odio o qualsiasi altra forma di discriminazione, ivi comprese quelle fondate sull'orientamento sessuale o sull'identità di genere». *Et voilà*, la Chiesa cattolica è servita.

Stando alla *Strategia Nazionale* dell'UNAR, comunque, l'azione di repressione delle (ancora statisticamente inesistenti) forme diffuse di discriminazione nei confronti degli LGBT, dovrebbe articolarsi secondo quattro "assi": (I) Educazione e Istruzione, (II) Lavoro, (III) Sicurezza e Carcere, (IV) Comunicazione e Media.

Cominciamo dal primo asse.

Qui la *Strategia* è rivolta «a diffondere la teoria del gender nelle scuole, attraverso anche iniziative volte ad offrire ad alunni e docenti, ai fini dell'elaborazione del processo di accettazione del proprio orientamento sessuale e della propria identità di genere». Vengono previsti all'uopo, specifici programmi scolastici, corsi di formazione, materiale didattico, *et similia*. Si prevede pure di «ampliare le conoscenze e le competenze di tutti gli attori della comunità scolastica sulle tematiche LGBT», di «garantire un ambiente scolastico sicuro e *gay friendly*», di «favorire *l'empowerment* delle persone LGBT nelle scuole, sia tra gli insegnanti che tra gli alunni», nonché di «contribuire alla conoscenza delle nuove realtà familiari, superare il pregiudizio legato all'orientamento affettivo dei genitori per evitare discriminazioni nei confronti dei figli di genitori omosessuali». Per fare tutto ciò occorre, in particolare, promuovere la «valorizzazione dell'*expertise* delle associazioni LGBT », il «coinvolgimento degli Uffici scolastici regionali e provinciali sul *diversity management* per i docenti»; la «predisposizione della modulistica scolastica amministrativa e didattica in chiave di inclusione sociale, rispettosa delle nuove realtà familiari, costituite anche da genitori omosessuali» (genitore 1 e genitore 2); l'«accreditamento delle associazioni LGBT, presso il Ministero dell'Istruzione dell'Uni-versità e della Ricerca, in qualità di enti di formazione»; l'«arric-chimento delle offerte di formazione con la predisposizione di bibliografie sulle tematiche LGBT e sulle nuove realtà familiari, di laboratori di lettura e di un glossario dei termini LGBT che consenta un uso appropriato del linguaggio»; la «realizzazione di percorsi innovativi di formazione e di aggiornamento per dirigenti, docenti e alunni sulle materie antidiscriminatorie, con un particolare focus sul tema LGBT sullo sviluppo dell'identità sessuale nell'adolescente, sull'educazione affettivo-sessuale, sulla conoscenza delle nuove realtà familiari», formazione che «dovrà essere rivolta non solo al corpo docente e agli studenti (con riconoscimento per entrambi di crediti formativi) ma anche a tutto il personale non docente della scuola (personale amministrativo, bidelli, etc.)».

Veniamo ora al secondo asse della *Strategia*.

Sul settore del lavoro il documento precisa che «le principali criticità riguardano la discriminazione nell'accesso al lavoro, il *mobbing*, il demansionamento, il blocco nella progressione di carriera, le discriminazioni multiple». Salvo poi precisare che, comunque, «non esistono dati o indagini per quanto riguarda le promozioni o progressioni di carriera ed i licenziamenti in riferimento alla comunità LGBT». Vale quanto già detto in tema di manipolazione della realtà. La vera criticità che però, onestamente, l'UNAR intende evidenziare in materia è quella derivante «dal mancato riconoscimento dei diritti delle coppie di fatto o del matrimonio tra persone dello stesso sesso in Italia». E allora bastava dirlo subito senza scomodare inesistenti forme di discriminazione in ambito lavorativo: «vogliamo il matrimonio omosessuale». Sarebbe stato più franco, diretto ed intellettualmente onesto.

Del tutto risibile appare, poi, l'affermazione secondo cui «la comunità gay e lesbica in ambito lavorativo ha difficoltà nel *coming out* per timore di ripercussioni e ritorsioni sulle possibilità di accesso al lavoro e di carriera, a causa del pregiudizio persistente e alla scarsa informazione sulla tematica dei datori di lavoro e dei livelli dirigenziali». Siamo al comico involontario. Non solo il *coming out* oggi sta diventando, purtroppo, sempre più *trendy*, ma consente anche fulminanti carriere. Vedi il caso Barilla e il guru gay David Mixner. Il documento continua attraverso i consueti sproloqui sull'«importanza delle pratiche di *diversity management*», che «favorisce l'attivazione dei talenti e incrementa la produttivita aziendale», e sul cosiddetto «*business* inclusivo» (qualcuno sa di cosa si tratti?).

Seguono i consueti corsi di informazione per «sensibilizzare i datori di lavoro, le figure dirigenziali, i lavoratori e le lavoratrici, le associazioni di categoria sulle tematiche LGBT», necessità della «creazione di *network* LGBT all'interno delle aziende e istituzione a livello di alta dirigenza del ruolo di mentore LGBT», di «appositi fondi strutturali europei», di «*benefit* specifici per le persone LGBT, anche in relazione alle famiglie omogenitoriali», nonché «la certificazione delle aziende *gay friendly* e l'istituzione del primo indice italiano (*Equality Index*) che misuri l'uguaglianza-inclusione come rispetto delle persone LGBT nelle imprese operanti in Italia».

Non può mancare la solita opera rieducatrice. E allora ecco corsi «di sensibilizzazione e formazione per i dipendenti e per tutti i livelli di *management*, che aiutano a costruire programmi di *mentoring* e a migliorare i propri percorsi professionali», «iniziative specifiche di formazione professionale per transessuali e transgender», «pubblicazioni informative rivolte ai datori di lavoro».

Non possono neppure mancare, ovviamente, le agevolazioni. E allora ecco le «borse lavoro, *voucher* o carte di credito di formazione per persone LGBT», le «azioni positive per imprenditoria giovanile LGBT», e la «promozione dell'accesso al credito agevolato e alla formazione per imprese cooperative per i giovani gay delle Regioni del Sud». Poiché non appare chiaro come possa accertarsi il requisito di omosessualità e transessualità richiesto per le agevolazioni ed i sussidi, è facile presumere una formidabile impennata di giovani gay nel Mezzogiorno del nostro Paese. Del resto lo sosteneva già l'imperatore Tito Flavio Vespasiano venti secoli fa: *pecunia non olet*!

Veniamo al terzo asse della *Strategia*.

Qui l'azione informativa-formativa è rivolta al «personale della Procura della Repubblica e della Polizia di Stato». Si sentiva proprio la mancanza del questurino *gay friendly*.

Non può restare esente dall'opera rieducatrice anche il personale della polizia penitenziaria. Quanto la *Strategia* sia lontana anni luce dalla realtà, lo dimostra la pretesa di realizzare appositi reparti separati per la comunità LGBT.

Evidentemente i redattori del documento non hanno la più pallida idea delle condizioni vergognose e disumane in cui versano le patrie galere, ma soprattutto dell'endemica carenza di fondi e strutture, a causa della quale lo Stato arriva a trattare gli uomini da animali, costringendoli a stare rinchiusi come sardine in uno spazio di pochi metri quadrati. I giovanissimi, poi, non vengono lasciati in pace neppure in carcere: per loro sono, infatti, previsti «programmi di educazione alla affettività e alla sessualità».

Da notare anche l'iniziativa di «promuovere nelle carceri l'istituzione di sportelli di ascolto dedicati alle persone LGBT». Per tutti gli altri disgraziati eterosessuali le orecchie restano tappate. Interessante anche il fatto che vengano previsti «interventi per favorire l'integrazione delle detenute transessuali anche attraverso attività di sostegno per il miglioramento della qualità della loro vita in carcere attraverso, ad esempio, gruppi di supporto e laboratori teatrali». Per tutti gli altri, pare di capire, niente supporto e niente teatro.

Ce n'è anche per il dopo pena. Sono, infatti, previsti per le persone *trans* «interventi di sostegno e accompagnamento per l'accesso al lavoro una volta conclusa la pena, nonché programmi di supporto, favorendo anche i percorsi di fine pena o di misure alternative al carcere quali gli affidi». Gli altri si arrangino. Siamo all'eterogenesi dei fini: l'intenzione di combattere ed eliminare la discriminazione determinerà, di fatto, una discriminazione in carcere tra detenuti di serie A (gli LGBT) e quelli di serie B (eterosessuali).

E veniamo al quarto ed ultimo asse della *Strategia*.

Il documento sul punto è assai chiaro: «l'identificazione dell'omosessualità con una malattia dalla quale si può essere curati o "salvati" appare come uno stigma tuttora di forte presa sull'opinione pubblica», anche se «il lavoro fatto da alcune *fiction* e d'altri prodotti di narrazione ha contribuito a porre l'attenzione su un modello di persona LGBT priva di impronte denigratorie». Sarebbe stato più onesto affermare che «*fiction* e altri prodotti di narrazione» stanno in realtà perpetrando una spudorata campagna di promozione dell'ideologia del gender. Ma evidentemente ai redattori del documento quella campagna non appare ancora sufficiente visto che prevedono espressamente «l'incentivazione della produzione e rappresentazione delle tematiche LGBT nel sistema televisivo, cinematografico e teatrale, anche mediante il coinvolgimento di testimonial, al fine di raggiungere un pubblico eterogeneo per fasce di età, aree territoriali e grado di istruzione».

Alcuni passaggi del documento appaiono, poi, come avvertimenti poco rasserenanti: «l'ampiezza e l'estrema novità del panorama, unita all'assenza di una legislazione adeguata, fa sì che il mondo virtuale sia il terreno ed il veicolo più fertile per messaggi e propagande di tipo omofobico e transfobico». Siti e giornali cattolici online sono avvisati.

Ancora più preoccupante è l'intenzione di «prevenire e contrastare la diffusione di stereotipi che alimentano, anche attraverso la rete Internet, il cd. "discorso dell'odio" nei confronti di persone LGBT». Se "discorso dell'odio" è la traduzione letterale dell'"*hate speech*" britannico, allora ne vedremo delle belle. Vale quanto già detto nel capitolo precedente a proposito di mons. Philip Boyce, Vescovo di Raphoe, o dei malcapitati *street preacher* nella terra di Albione.

Anche per i giornalisti la *Strategia* prevede il consueto percorso rieducativo: «realizzazione di percorsi formativi nelle scuole di giornalismo in collaborazione con l'Ordine dei Giornalisti e la Federazione Nazionale della Stampa Italiana, con particolare riguardo alla categoria transessuali/transgender»; «promozione di un premio giornalistico in collaborazione con l'Ordine dei Giornalisti e la Federazione Nazionale della Stampa Italiana, per i migliori articoli sulle tematiche LGBT, con particolare riguardo alla categoria transessuali/transgender».

Tutto si conclude con l'idea di «organizzare, a livello locale e nazionale, eventi in occasione delle giornate celebrative: Giornata Internazionale contro l'omofobia e la transfobia (17 maggio), *Coming Out Day* (11 Ottobre) e *T-Dor, Transgender Day of Remembrance* (20 novembre), nonché di «integrare le tematiche LGBT nell'ambito delle celebrazioni di altre Giornate dedicate ai temi della memoria e del contrasto ad ogni discriminazione, quali il Giorno della Memoria (27 gennaio), la Giornata Internazionale della Donna (8 marzo), la Giornata Internazionale per l'eliminazione della violenza contro le Donne (25 novembre), la Giornata Mondiale contro l'AIDS (1 Dicembre), la Giornata Mondiale dei Diritti Umani (10 dicembre)».

Occorre evidenziare, a onor del vero, che l'unica iniziativa concreta per contrastare il grave documento dell'UNAR è stata posta in essere dall'organizzazione Giuristi per la Vita, col supporto dell'associazione Famiglie Numerose Cattoliche.

Si tratta di un formale atto di diffida notificato al Dipartimento della Pari Opportunità, all'Ufficio Antidiscriminazione Razziale, al Ministero dell'Istruzione, dell'Università e della Ricerca, ai diciotto Uffici Scolastici Regionali, nonché a tutti i centoquattro Uffici Scolastici Provinciali sparsi sul territorio nazionale:

DIPARTIMENTO DELLA PARI OPPORTUNITA'
Largo Chigi, 19 - 00187 Roma

UFFICIO NAZIONALE ANTIDISCRIMINAZIONI RAZZIALI
Largo Chigi, 19 - 00187 Roma

MINISTERO DELL'ISTRUZIONE DELL'UNIVERSITA' E DELLA RICERCA
Viale Trastevere, 76/a - 00153 Roma

UFFICI SCOLASTICI REGIONALI
Loro Sedi

UFFICI SCOLASTICI PROVINCIALI
Loro Sedi

ATTO DI DIFFIDA

Il sottoscritto Avv. Gianfranco Amato, nato a Varese, il 1° marzo 1961, in qualità di Presidente e legale rappresentate dell'associazione Giuristi per la Vita, Codice Fiscale 97735320588, con sede in Roma, Piazza Santa Balbina n. 8,

PREMESSO

- **che** l'Ufficio Nazionale Antidiscriminazioni Razziali (U.N. A.R.), ente governativo istituito all'interno del Dipartimento per le Pari Opportunità presso la Presidenza del Consiglio dei Ministri, ha approvato in data 29 aprile 2013 il documento denominato *Strategia nazionale per la prevenzione e il contrasto delle discriminazioni basate*

sull'orientamento sessuale e sull'identità di genere (2013-2015),
- **che** tale documento contiene le linee guida per l'applicazione dei princìpi contenuti nella Raccomandazione CM/REC (2010) 5 del Comitato dei ministri del Consiglio d'Europa, volta a combattere la discriminazione fondata sull'orientamento sessuale o l'identità di genere;
- **che** il medesimo documento contempla, in particolare, uno specifico punto strategico (*4.1. Asse Educazione e Istruzione*) per diffondere la teoria del gender nelle scuole, attraverso anche iniziative volte ad offrire ad alunni e docenti, ai fini dell'elaborazione del processo di accettazione del proprio orientamento sessuale e della propria identità di genere.
- **che** tali misure devono comprendere «*la comunicazione di informazioni oggettive sull'orientamento sessuale e l'identità di genere, per esempio nei programmi scolastici e nel materiale didattico, nonché la fornitura agli alunni e agli studenti delle informazioni, della protezione e del sostegno necessari per consentire loro di vivere secondo il proprio orientamento sessuale e la propria identità di genere*»;
- **che** il documento *de quo* prevede espressamente, tra l'altro, l'obiettivo strategico di «*ampliare le conoscenze e le competenze di tutti gli attori della comunità scolastica sulle tematiche LGBT*», di «garantire un ambiente scolastico sicuro e gay friendly», di «*favorire l'empowerment delle persone LGBT nelle scuole, sia tra gli insegnanti che tra gli alunni*», nonché di «*contribuire alla conoscenza delle nuove realtà familiari, superare il pregiudizio legato all'orientamento affettivo dei genitori per evitare discriminazioni nei confronti dei figli di genitori omosessuali*», anche attraverso:

(a) la «*valorizzazione dell'expertise delle associazioni LGBT in merito alla formazione e sensibilizzazione dei docenti, degli studenti e delle famiglie, per potersi avvalere delle loro conoscenze*»;

(b) il «*coinvolgimento degli Uffici scolastici regionali e provinciali sul diversity management per i docenti*»;

(c) la «*predisposizione della modulistica scolastica amministrativa e didattica in chiave di inclusione sociale, rispettosa delle nuove realtà familiari, costituite anche da genitori omosessuali*» (genitore 1 e genitore 2);

(d) l'«*accreditamento delle associazioni LGBT, presso il Ministero dell'Istruzione dell'Università e della Ricerca, in qualità di enti di formazione*»;

(e) l'«*arricchimento delle offerte di formazione con la predisposizione di bibliografie sulle tematiche LGBT e sulle nuove realtà familiari, di laboratori di lettura e di un glossario dei termini LGBT che consenta un uso appropriato del linguaggio*»;

- **che** lo stesso documento prevede anche la «*realizzazione di percorsi innovativi di formazione e di aggiornamento per dirigenti, docenti e alunni sulle materie antidiscriminatorie, con un particolare focus sul tema LGBT sullo sviluppo dell'identità sessuale nell'adolescente, sull'educazione affettivo-sessuale, sulla conoscenza delle nuove realtà familiari*», e che tale formazione «*dovrà essere rivolta non solo al corpo docente e agli studenti (con riconoscimento per entrambi di crediti formativi) ma anche a tutto il personale non docente della scuola (personale amministrativo, bidelli, etc.)*»;

CONSIDERATO

che il citato documento *Strategia nazionale per la prevenzione e il contrasto delle discriminazioni basate sull'orientamento sessuale e sull'identità di genere (2013-2015)*:

(a) espropria la famiglia – ambito privilegiato e naturale di educazione – del compito di formazione in campo sessuale, disconoscendo il fatto che la stessa famiglia rappresenti l'ambiente più idoneo ad assolvere l'obbligo di assicurare una graduale educazione della vita sessuale, in maniera prudente, armonica e senza particolari traumi;

(b) si pone in palese violazione di due diritti fondamentali riconosciuti, garantiti e tutelati dalla Dichiarazione Universale dei Diritti dell'Uomo: l'art. 18, il quale garantisce la libertà di manifestare, isolatamente o in comune, sia in pubblico che in privato, i propri valori religiosi nell'educazione, e l'art. 26 nella parte in cui attribuisce ai genitori il diritto di priorità nella scelta di educazione da impartire ai propri figli;

(c) si pone in palese violazione dell'art. 30 della Costituzione italiana che garantisce e tutela il diritto dei genitori ad educare i propri figli, nonché delle disposizioni del codice penale in materia, e di tutte quelle che pongono quale limite per qualsiasi atto, privato o pubblico, il principio del buon costume;

(d) è stato adottato omettendo la consultazione di tutte le parti sociali interessate, con specifico riguardo ai genitori ed ai docenti, violando in tal modo non solo il principio ribadito all'interno dello stesso documento (pag.16) e relativo alla necessità di un coinvolgimento di «*tutti gli attori della comunità scolastica, in particolar modo le seguenti categorie: gli studenti, i docenti e le famiglie*», ma anche il principio previsto nella stessa Raccomandazione CM/Rec(2010)5 del Comitato dei Ministri del Consiglio d'Europa, -- di cui è emanazione –, nella parte in cui invita espressamente gli Stati membri a «*tenere conto del diritto dei genitori di curare l'educazione dei propri figli*» nel «*predisporre e attuare politiche scolastiche e piani d'azione per promuovere l'uguaglianza e la sicurezza e garantire l'accesso a formazioni adeguate o a supporti e strumenti pedagogici appropriati per combattere la discriminazione*» (Allegato VI *Istruzione*, n. 31); in realtà, come si evince dal decreto di costituzione del Gruppo Nazionale di Lavoro emanato in data 20 dicembre 2012 nessuna associazione familiare o associazione professionale dei docenti è stata coinvolta, mentre si è ritenuto di limitare la partecipazione al gruppo di lavoro a ben ventinove associazioni LGBT;

(e) non ha neppure tenuto conto del diritto dei genitori alla «*corresponsabilità educativa*» previsto dalle *"Linee di Indirizzo sulla Partecipazione dei Genitori e Corresponsabilità Educativa"*, diramate dal Ministero dell'Istruzione dell'Università e della Ricerca il 22 novembre 2012, il quale, peraltro, partecipava a pieno titolo al Tavolo di Coordinamento Interistituzionale appositamente attivato per la stesura dello documento *Strategia nazionale per la prevenzione e il contrasto delle discriminazioni basate sull'orientamento sessuale e sull'identità di genere (2013-2015)*;

(f) non ha tenuto in alcun conto le puntuali contestazioni formulate da FORAGS (Forum Regionale Genitori Scuola) lombardo con lettera del 15 aprile 2013 e del FONAGS (Forum Nazionale Genitori Scuola) al Ministro Carrozza con lettera del 12 novembre 2013;

(g) non è stato sottoposto alla valutazione ed al dibattito parlamentare;

(h) è stato adottato successivamente alle dimissioni del Governo ed in regime di ordinaria amministrazione, dopo, peraltro, che il Governo precedente aveva espressamente ritenuto di non assumere alcun provvedimento per recepire la Raccomandazione del Consiglio Europeo del 31 marzo 2010.

TANTO PREMESSO E CONSIDERATO

I Giuristi per la Vita, *ut supra* rappresentati,

DIFFIDANO

tutte le competenti Amministrazioni Pubbliche dall'adozione di atti e provvedimenti che diano attuazione al documento *Strategia nazionale per la prevenzione e il contrasto delle discriminazioni basate sull'orientamento sessuale e sull'identità di genere (2013-2015)*, riservandosi sin d'ora di impugnare tali atti e provvedimenti in via amministrative e giurisdizionale,

CHIEDONO

che, in via di autotutela, venga disposto l'immediato annullamento del documento *de quo* e la cancellazione di tutti i suoi effetti giuridici.

Roma, li 18 dicembre 2013

Forse può apparire alquanto esagerato sostenere che il nostro Paese stia assomigliando sempre di più all'Oceania di Orwell, con un nuovo *Socing*, una nuova *Thought Police*, e un nuovo Grande Fratello. Certo è che rileggendo *1984* oggi diventa sempre più difficile negare che quel romanzo incarni una *dystopian prophecy*.

Propaganda a carico dello stato

A seguito del passaggio al Senato, è stata definitivamente approvata la Legge 8 novembre 2013, n. 128, con la quale è stato convertito in legge, con modificazioni, il decreto-legge 12 settembre 2013, n. 104, *recante misure urgenti in materia di istruzione, università e ricerca*, pubblicata sulla Gazzetta Ufficiale n. 264 dell'11 novembre 2013. È entrata in vigore il 12 novembre 2013.

C'è un aspetto di questa legge che va attentamente valutato. Si tratta, in particolare, del primo comma dell'art. 16, intitolato «formazione del personale scolastico». Tale disposizione prevede, infatti, che «al fine di migliorare il rendimento della didattica, particolarmente nelle zone in cui i risultati dei test di valutazione sono meno soddisfacenti ed è maggiore il rischio socio-educativo, e potenziare le capacità organizzative del personale scolastico, per l'anno 2014 è autorizzata la spesa di euro 10 milioni, oltre alle risorse previste nell'ambito di finanziamenti di programmi europei e internazionali, per attività di formazione obbligatoria del personale scolastico».

Tale attività di formazione viene particolarmente disciplinata per alcuni ambiti. Si tratta di «rafforzare le conoscenze e le competenze di ciascun alunno, necessarie ad aumentare l'attesa di successo formativo, anche attraverso la diffusione di innovazioni didattiche e metodologiche, e per migliorare gli esiti nelle valutazioni nazionali invalsi e degli apprendimenti, in particolare nelle scuole in cui tali esiti presentano maggiori criticità» (lett. a). E fin qui nulla di male. Si tratta, poi, di «aumentare le competenze per potenziare i processi di integrazione a favore di alunni con disabilità e bisogni educativi speciali» (lett. b). Anche su questo punto, nulla quaestio. Si tratta, inoltre, di «potenziare le competenze nelle aree ad alto rischio socio-educativo e a forte concentrazione di immigrati, rafforzando in particolare le competenze relative all'integrazione scolastica, alla didattica interculturale, al bilinguismo e all'italiano come lingua 2» (lett. c). Anche su questo, nessun problema. Si tratta, ancora, di «aumentare le capacità nella gestione e programmazione dei sistemi scolastici (lett. e), e di «aumento delle competenze relativamente ai processi di digitalizzazione e di innovazione tecnologica» (lett. f), nonché di «aumentare le competenze per favorire i percorsi di alternanza scuola-lavoro, anche attraverso periodi di formazione presso enti pubblici ed imprese» (lett. g). Chi potrebbe non essere d'accordo?

Su un punto, invece, qualcosa da ridire c'è eccome. Si tratta dell'attività formativa finalizzata «all'aumento delle competenze relative all'educazione all'affettività, al rispetto delle diversità e delle pari opportunità di genere e al superamento degli stereotipi di genere» (lett. d). Di tale formazione, invero, non se ne sentiva assolutamente il bisogno. Anzi. Rischia di apparire, nella sua ambigua formulazione, un subdolo tentativo di introdurre l'ideologia del gender in quella delicatissima funzione che è l'educazione scolastica.

Non si può dimenticare, infatti, che proprio nelle scuole è già approdato il citato documento dell'UNAR noto come *Strategia nazionale per la prevenzione e il contrasto delle discriminazioni basate sull'orientamento sessuale e sull'identità di genere (2013-2015)*. Ebbene, ogni volta che in quell'atto si fa menzione del «rispetto delle diversità» ci si riferisce anche alle «comunità LGBT». La nuova formulazione dell'art. 16 del Decreto Legge 104/2013 rappresenta, in realtà, l'emanazione normativa dei principi indicati nel citato documento dell'UNAR e ispirati all'ideologia *gender*.

Non si possono, infatti, accettare forme di indottrinamento dei giovani attraverso programmi governativi, anche perché esse si porrebbero in netta contraddizione, tra l'altro, con l'art. 26, terzo comma, della Dichiarazione Universale dei Diritti dell'Uomo, firmata a Parigi il 10 dicembre 1948, il quale sancisce testualmente che «i genitori hanno un diritto prioritario nella scelta del tipo di formazione che deve essere data ai loro figli». Ciò che, poi, sarebbe ancora più intollerabile è che una simile propaganda si realizzi con denari pubblici, e quindi a carico del contribuente. Peraltro, nell'odierna situazione di crisi, le condizioni degli istituti scolastici, in cronica penuria di risorse finanziarie, meriterebbero ben altri investimenti pubblici.

Luglio

L'iter legislativo del disegno di legge "Disposizioni in materia di contrasto dell'omofobia e della transfobia. C. 245 Scalfarotto, C. 1071 Brunetta e C. 280 Fiano" comincia il 6 giugno 2013 nella prima seduta della Commissione Giustizia della Camera dei deputati. Quella in cui, come abbiamo visto, il relatore on. Scalfarotto esordisce con il panegirico di Matthew Shepard, Seguiranno altre cinque sedute (12 giugno, 25 giugno, 26 giugno, 27 giugno, 2 luglio 2013) prima di giungere a quella del 9 luglio 2013, che vedrà la Commissione approvare il testo unificato adottato come testo base:

TESTO UNIFICATO ADOTTATO COME TESTO BASE

Norme in materia di discriminazioni motivate dall'orientamento sessuale o dall'identità di genere.

Art. 1

(Orientamento sessuale e identità di genere).

Ai fini della legge penale si intende per:

a) «Orientamento sessuale» l'attrazione nei confronti di una persona dello stesso sesso, di sesso opposto o di entrambi i sessi;
b) «Identità di genere» la percezione che una persona ha di sé come appartenente al genere femminile o maschile, anche se opposto al proprio sesso biologico.

Art. 2

(*Modifiche all'articolo 3 della legge 13 ottobre 1975, n. 654*).

1. All'articolo 3, della legge 13 ottobre 1975, n. 654, e successive modificazioni, sono abrogate le parole «o con la multa fino a 6.000 euro».

Art. 3

(*Norme in materia di discriminazioni motivate dall'orientamento sessuale o dall'identità di genere della vittima*).

1. In conformità a quanto disposto in materia di discriminazioni dall'articolo 10 del Trattato sul funzionamento dell'Unione europea, le disposizioni dell'articolo 3 della legge 13 ottobre 1975, n. 654, e successive modificazioni, e le norme del decreto-legge 26 aprile 1993, n. 122, convertito, con modificazioni, dalla legge 25 giugno 1993, n. 205, si applicano integralmente anche in materia di discriminazioni motivate dall'orientamento sessuale o dall'identità di genere della vittima.

Art. 4

(*Modifiche al decreto-legge 26 aprile 1993, n. 122, convertito, con modificazioni, dalla legge 25 giugno 1993, n. 205*).

1. Dopo l'articolo 1 del decreto-legge 26 aprile 1993, n. 122, convertito, con modificazioni, dalla legge 25 giugno 1993, n. 205, è inserito il seguente:

> Art. 1-bis.
>
> (*Attività non retribuita a favore della collettività*).
>
> 1. Con la sentenza di condanna per uno dei reati previsti dall'articolo 3 della legge 13 ottobre 1975, n. 654, e successive modificazioni o per uno dei reati previsti dalla legge 9 ottobre 1967, n. 962, il tribunale dispone la sanzione accessoria dell'obbligo di prestare un'attività non retribuita a favore della collettività per finalità sociali o di pubblica utilità, secondo le modalità stabilite ai sensi del comma 2.

2. L'attività non retribuita a favore della collettività, da svolgersi al termine dell'espiazione della pena detentiva per un periodo tra sei mesi e un anno, deve essere determinata dal giudice con modalità tali da non pregiudicare le esigenze lavorative, di studio o di reinserimento sociale del condannato.

3. Possono costituire oggetto dell'attività non retribuita a favore della collettività: la prestazione di attività lavorativa per opere di bonifica e restauro degli edifici danneggiati con scritte, emblemi o simboli propri o usuali delle organizzazioni, associazioni, movimenti o gruppi di cui al comma 3 dell'articolo 3, L. 13 ottobre 1975, n. 654; lo svolgimento di lavoro a favore di organizzazioni di assistenza sociale e di volontariato, quali quelle operanti nei confronti delle persone diversamente abili, dei tossicodipendenti, degli anziani, degli extracomunitari o a favore delle associazioni a tutela delle persone omosessuali.

4. L'attività può essere svolta nell'ambito e a favore di strutture pubbliche o di enti ed organizzazioni privati.».

2. Entro trenta giorni dalla data di entrata in vigore della presente legge, il Ministro della giustizia determina, con proprio decreto, le modalità di svolgimento dell'attività non retribuita a favore della collettività di cui all'articolo 1-bis del decreto-legge 26 aprile 1993, n. 122, convertito, con modificazioni, dalla legge 25 giugno 1993, n. 205.

3. All'articolo 1 del decreto-legge 26 aprile 1993, n. 122, convertito, con modificazioni, dalla legge 25 giugno 1993, n. 205 sono abrogati i commi 1-bis, limitatamente alla lettera a), 1-ter, 1-quater, 1-quinquies e 1-sexies.

Così come formulato il testo appare di difficile comprensione per il comune cittadino di media cultura. L'astrusa compilazione delle norme, del resto, è un vezzo tipico del legislatore italiano.

In pratica si interviene modificando due leggi – una del 1975 e l'altra del 1993 – che attualmente costituiscono l'ossatura della legislazione italiana di contrasto alle discriminazioni.

La prima legge è la n. 654/1975 (cd. Legge Reale), di ratifica ed esecuzione della Convenzione contro il razzismo adottata dalle Nazioni Unite a New York nel 1966, che all'articolo 3 sanziona le condotte di apologia, istigazione e associazione finalizzate alla discriminazione.

Quell'articolo, infatti, punisce, salvo che il fatto costituisca più grave reato:
- chiunque propaganda idee fondate sulla superiorità o sull'odio razziale o etnico, ovvero istiga a commettere o commette atti di discriminazione per motivi razziali, etnici, nazionali o religiosi (comma 1, lett. a), prevedendo la sanzione della reclusione fino ad un anno e 6 mesi o della multa fino a 6.000 euro;
- chiunque, in qualsiasi modo, istiga a commettere o commette violenza o atti di provocazione alla violenza per motivi razziali, etnici, nazionali o religiosi, prevedendo la sanzione della reclusione da 6 mesi a 4 anni;
- chiunque partecipa o presta assistenza ad organizzazioni, associazioni, movimenti o gruppi aventi tra i propri scopi l'incitamento alla discriminazione o alla violenza per motivi razziali, etnici, nazionali o religiosi, prevedendo la sanzione della reclusione da 6 mesi a 4 anni;
- chiunque promuove o dirige organizzazioni, associazioni, movimenti o gruppi aventi tra i propri scopi l'incitamento alla discriminazione o alla violenza per motivi razziali, etnici, nazionali o religiosi, prevedendo la sanzione della reclusione da 1 a 6 anni.

La seconda legge è costituita dal D.L. 122/1993 (c.d. Legge Mancino) che ha provveduto ad inasprire le pene per i delitti previsti dalla legge del 1975 e ha introdotto sanzioni accessorie in caso di condanna.

In particolare l'art. 1 prevede che «salvo che il fatto costituisca più grave reato, anche ai fini dell'attuazione della disposizione dell'articolo 4 della convenzione, è punito:

a) con la reclusione sino a tre anni chi diffonde in qualsiasi modo idee fondate sulla superiorità o sull'odio razziale o etnico, ovvero incita a commettere o commette atti di discriminazione per motivi razziali, etnici, nazionali o religiosi;

b) con la reclusione da sei mesi a quattro anni chi, in qualsiasi modo incita a commettere o commette violenza o atti di provocazione alla violenza per motivi razziali, etnici, nazionali o religiosi».

L'art. 1-bis prevede invece che «con la sentenza di condanna per uno dei reati previsti dall'articolo 3 della legge 13 ottobre 1975, n. 654, o per uno dei reati previsti dalla legge 9 ottobre 1967, n. 962, il tribunale può altresì disporre una o più delle seguenti sanzioni accessorie:

a) obbligo di prestare un'attività non retribuita a favore della collettività per finalità sociali o di pubblica utilità, secondo le modalità stabilite ai sensi del comma1-ter;

b) obbligo di rientrare nella propria abitazione o in altro luogo di privata dimora entro un'ora determinata e di non uscirne prima di altra ora prefissata, per un periodo non superiore ad un anno;

c) sospensione della patente di guida, del passaporto e di documenti di identificazione validi per l'espatrio per un periodo non superiore ad un anno, nonché divieto di detenzione di armi proprie di ogni genere;

d) divieto di partecipare, in qualsiasi forma, ad attività di propaganda elettorale per le elezioni politiche o amministrative successive alla condanna, e comunque per un periodo non inferiore a tre anni».

Queste, quindi, le norme estese al fenomeno della cd. omofobia e transfobia secondo il testo base approvato dalla Commissione Giustizia nella seduta del 9 luglio 2013. In quella stessa sede la Presidente on. Ferranti fissava il termine per la presentazione degli emendamenti alle ore 15.00 di martedì 16 luglio 2013.

La decisione della Commissione Giustizia della Camera passa, comunque, nella quasi totale indifferenza di media, giornalisti, intellettuali, ed esponenti del cosiddetto mondo cattolico. Latitano anche le gerarchie ecclesiastiche.

Ad assumersi il ruolo delle oche capitoline ci pensano i Giuristi per la Vita, che da tempo monitoravano i lavori della Commissione. Vengono da subito evidenziati i pericoli di quel testo di legge, soprattutto per la sua intrinseca natura liberticida.

Il giorno dopo l'approvazione del testo base da parte della Commissione Giustizia, infatti, gli stessi Giuristi per la Vita lanciano l'iniziativa di una petizione per fermare quel *monstrum* giuridico. L'iniziativa viene ripresa dal quotidiano cattolico online La Nuova Bussola Quotidiana che l'11 luglio mette in rete la possibilità di una sottoscrizione pubblica capace di raggiungere in pochi giorni oltre 20.000 firme. Si affiancheranno, poi, all'iniziativa il settimanale cattolico Tempi, l'associazione CulturaCattolica.it e la rivista Notizie Pro Vita.

Il testo della petizione è riportato nel primo capitolo di questo libro, trattandosi dello stesso appello che don Stefano Piccinelli, Cappellano dell'Ospedale di Cona, ha avuto la disavventura di affiggere.

Il 15 luglio lo stesso quotidiano "Huffinghton Post", con un articolo intitolato *Legge omofobia, il "no" della destra cattolica* dà atto ai Giuristi per la Vita della tempestività della loro reazione:

> Il disegno di legge contro l'omofobia e la transfobia non è ancora arrivato in aula a Montecitorio (l'esame è calendarizzato per il 22 luglio) che si moltiplicano le iniziative, per scongiurare «il rischio dell'introduzione di una simile normativa nel nostro ordinamento giuridico». Con queste parole l'associazione cattolica *Giuristi per la vita* è scesa in campo, giovedì 11 luglio, avviando per prima una raccolta di firme «per chiedere ai parlamentari di fermare questa legge». Avviata on line sui siti CulturaCattolic.it e La nuova bussola quotidiana, la sottoscrizione appare come una risposta tempestiva – appena due giorni dopo – all'approvazione del testo base della legge in Commissione Giustizia della Camera.
>
> Frutto soprattutto dell'intesa tra i due relatori, Ivan Scalfarotto (Pd) e Antonio Leone (PdL), il testo prevede l'estensione della legge Reale-Mancino – che punisce gli atti di discriminazione basati su l'origine etnica, la nazionalità e la religione – all'orientamento sessuale e all'iden-

tità di genere della vittima. Ma per i *Giuristi per la vita* una tale legge significherebbe, al contrario, «una pericolosa violazione della libertà di espressione del pensiero e del credo religioso, fondamento di tutte le libertà civili nel quadro costituzionale vigente».

Il giorno successivo, 16 luglio, l'attenzione del mondo cattolico all'iniziativa della petizione viene confermata dall'intervista del Presidente dei Giuristi per la Vita andata in onda durante il Notiziario della rete televisiva internazionale Telepace, e realizzata nella sede di Roma, quella aperta nel 1990 per espresso desiderio dello stesso Giovanni Paolo II.

Il 17 luglio la denuncia dei Giuristi per la Vita trova finalmente spazio anche nel quotidiano della CEI. "Avvenire", infatti, pubblica un articolo dal titolo *Altolà dei giuristi: la legge cavallo di Troia per introdurre l'identità di genere in Italia*:

> Ci sono «buone ragioni» per opporsi alla proposta di legge contro l'omofobia. Come per esempio determinare l'incriminazione di tutti coloro che sollecitassero i parlamentari della Repubblica a non introdurre nella legislazione il "matrimonio" gay, o che proponessero di escludere la facoltà di adottare un bambino a coppie omosessuali.
> A metterle nero su bianco ha pensato l'associazione Giuristi per la vita, che raggruppa avvocati ed esperti di diritto impegnati sul fronte della tutela della vita e della famiglia. Quello che preoccupa di più i giuristi, in particolare, è l'articolo 1 della proposta di legge (intitolato "Orientamento sessuale e identità di genere"), in cui viene introdotta per la prima volta nel nostro ordinamento giuridico la definizione di «identità di genere» come la «percezione che una persona ha di sé come appartenente al genere femminile o maschile, anche se opposto al proprio sesso biologico». «In questo modo – avverte l'associazione – la volontà individuale finisce per prevalere sulla realtà, per cui non si è uomo o donna secondo il dato oggettivo derivante dalla natura, ma secondo il pensiero soggettivo capace di determinare ciò che si vuole essere». Un vero e proprio

«trionfo della teoria del gender», nonché «un'apoteosi dell'ideologia relativista». Tutto ciò con buona pace del principio di certezza del diritto e di oggettività del reato, che «in questo caso – avvertono i giuristi – sarebbe del tutto rimesso ad un criterio d'identificazione meramente soggettivo (una sorta di autocertificazione) non empiricamente valutabile da parte del magistrato».
Altro punto pericoloso contenuto nella proposta di legge è quello relativo alla punibilità con la reclusione fino ad un anno e sei mesi di chi incita a commettere o commette atti di discriminazione motivati dall'orientamento sessuale o dall'identità di genere della vittima. «Questo significa, ad esempio – spiegano i giuristi – che non sarà più lecito sollecitare i parlamentari della Repubblica a non introdurre nella legislazione il "matrimonio" gay, o ad escludere la facoltà di adottare un bambino a coppie omosessuali, né sarà più lecito organizzare una campagna di opinione per contrastare l'approvazione di una legge sul "matrimonio" gay o sull'adozione dei minori agli omosessuali». Le norme che si intendono approvare «rispondono ad una mera prospettiva ideologica», avvertono ancora i giuristi, secondo cui gli omosessuali godono già sul piano legale degli strumenti giuridici previsti dal codice penale per i tutti i cittadini, contro qualunque forma di ingiusta discriminazione, di violenza, di offesa alla propria dignità personale.

Il giorno successivo, 18 luglio, Radio Vaticana intervista sulla vicenda della petizione il Presidente dei Giuristi per la Vita:

In Italia partirà il prossimo 26 luglio alla Camera l'esame del dibattuto provvedimento contro l'omofobia. Centinaia gli emendamenti presentati per impedire che la legge si trasformi da strumento di lotta alla discriminazione in un bavaglio alla libertà religiosa o di espressione. Prevista infatti la reclusione da sei mesi a quattro anni per chi partecipa ad associazioni contrarie al matrimonio gay e da 1 a 6 anni per chi le presiede o le fonda. Circa 20 mila le firme già raccolte da "Giuristi per la Vita" che ha promosso una petizione online contro tale legge. Al microfono di Paolo Ondarza il presidente Gianfranco Amato:

R. – *Con questa disposizione viene introdotta per la prima volta nel nostro ordinamento giuridico la definizione di "identità di genere": per cui non si è più uomo o donna a seconda del dato oggettivo che deriva dalla natura, ma secondo il proprio personale convincimento. Siamo al trionfo della "teoria del gender" e all'apoteosi della "ideologia relativista". Questo peraltro con buona pace anche del principio della certezza del diritto ed anche dell'oggettività del reato.*

D. – La legge punisce severamente chiunque si esprima contro i matrimoni gay o le adozioni da parte di omosessuali. Vietato anche definire – in linea con l'insegnamento della Chiesa cattolica – "intrinsecamente disordinati" gli atti omosessuali...

R. – *Certo, perché se l'identità di genere e l'orientamento sessuale costituiscono una qualità paragonabile alla razza, all'origine etnica rispetto alla non discriminazione sarebbe come dire che: così come è vietato sostenere che un uomo bianco non può sposare una donna nera, non si potrà più dire che gli omosessuali non possono sposarsi. In gioco non c'è soltanto la libertà religiosa, ma la stessa libertà di opinione.*

D. – Quindi, una legge che anziché favorire realmente la libertà mette il bavaglio a chi vorrebbe esprimere liberamente il proprio pensiero...

R. – *Per comprendere la gravità delle conseguenze di questa proposta di legge è sufficiente guardare cosa sta capitando nei Paesi in cui è in vigore da anni: in Gran Bretagna c'è quasi una sorta di persecuzione nei confronti di chi osa criticare il matrimonio omosessuale o l'adozione di minori da parte degli omosessuali. Basta ci-*

tare l'ultimo caso accaduto due settimane fa, il primo luglio a Wimbledon: un predicatore di strada è stato arrestato dalla polizia per aver citato e commentato un testo di San Paolo – la Lettera ai Tessalonicesi – dove appunto si parlava di immoralità omosessuale.

D. – Quindi questa non è una legge contro la discriminazione degli omosessuali...

R. – *L'impianto è totalmente ideologico, perché gli omosessuali – così come tutti gli altri cittadini – godono già degli strumenti giuridici previsti dal codice penale, contro qualunque forma di ingiusta discriminazione, di violenza, di offesa alla propria dignità personale. La Costituzione italiana tra l'altro già sostiene con l'articolo 3 che: "Tutti i cittadini hanno pari dignità sociale e sono uguali davanti alla legge senza distinzioni di sesso, di razza, di lingua, di religione, di opinioni politiche, di condizioni personali e sociali". Del resto l'impianto ideologico che sta dietro questa proposta di legge si evince anche da una delle pene accessorie – ed in particolare l'attività non retribuita in favore della collettività – che un condannato deve svolgere al termine dell'espiazione della pena detentiva: un'attività costituita da lavoro in favore delle associazioni a tutela delle persone omosessuali. Qui siamo alla rieducazione culturale di stampo maoista.*

D. – Voi avete promosso una petizione on-line per dire "no" ad una legge contro l'omofobia. Qual è il vostro obiettivo e a che punto siete?

R. – *L'obiettivo è far capire soprattutto ai parlamentari il rischio che si corre attraverso questa proposta di legge. Io temo ci sia una sottovalutazione: un conto è la tutela e la dignità degli omosessuali in quanto tali; un conto è esagerare al punto di impedire poi l'esercizio di diritti come quello della libertà di pensiero. L'adesione è andata al di là di ogni più rosea previsione, credo siamo intorno alle 20 mila firme e ne continuano ad arrivare. Vorrei far leggere ai parlamentari anche i tanti commenti che ci giungono a corredo delle firme: sono lo specchio del popolo italiano. Abbiamo studenti, pensionati, dipendenti, impiegati, professionisti, religiosi...*

D. – Non è gente omofoba...

R. – *Assolutamente no. È gente preoccupata che nel nostro Paese si mantenga e venga garantita la libertà di pensiero e la libertà di espressione del proprio credo religioso: due pilastri della nostra Costituzione.*

In effetti, la questione dell'"identità di genere" prevista dall'art. 1 e della pena accessoria da "rieducazione maoista" contemplata nell'art. 4, sembrano avere, grazie anche al clamore delle *vigiles anseres Capitolii*, un certo impatto nell'opinione pubblica, riuscendo persino a ridestare la coscienza di molti che parevano assopiti in uno strano torpore.

Nel frattempo i lavori della Commissione Giustizia proseguono il loro iter. Il 17 luglio, giorno in cui Avvenire pubblica la denuncia dei Giuristi per la Vita, si svolge la seduta in cui si iniziano a discutere i numerosi emendamenti pervenuti entro la scadenza del giorno precedente. La discussione prosegue il giorno successivo, 18 luglio, fino alla seduta del 22 luglio, ove accade un fattaccio. Il primo di una serie nella rocambolesca trama che ha caratterizzato la genesi della legge sull'omofobia oggi in discussione.

Il 22 luglio, infatti, la Commissione si trova a dovere esaminare circa quattrocento emendamenti. Avviene quindi un vero e proprio *coup de théâtre*: verso la fine della seduta antimeridiana i due relatori Leone e Scalfarotto presentano un loro unico emendamento, interamente sostitutivo del testo sul quale si era sviluppata la discussione. Così si svolge la vicenda secondo il resoconto stenografico:

Antonio LEONE (PdL), relatore, (...) proprio nell'ottica di concretizzare lo sforzo comune di pervenire ad un testo

> quanto più condiviso possibile presenta, insieme al correlatore Scalfarotto, l'emendamento 1.500 ed invita i proponenti al ritiro di tutte le altre proposte emendative.
> Ivan SCALFAROTTO (PD), relatore, dichiara di condividere pienamente l'intervento del collega Leone.
> Donatella FERRANTI (PD), presidente, nessun altro chiedendo di intervenire, fissa alle ore 18 di oggi il termine per la presentazione di subemendamenti all'emendamento 1.500 dei relatori. Rinvia quindi il seguito dell'esame al termine delle votazioni pomeridiane dell'Assemblea.

Che cosa è accaduto è presto detto. Con l'integrale riscrittura della legge, operata dai relatori, decadono tutti gli emendamenti fino a quel momento presentati, in quanto relativi al testo base precedente. La manovra ha il semplice intento di procedere più velocemente, e in quest'ottica la Presidente concede per il deposito dei sub-emendamenti un termine limitato a poche ore.

Nonostante la ristrettezza dei tempi, vengono ripresentati circa 200 emendamenti, grazie soprattutto alla pronta ed indefessa capacità di intervento, in particolare, degli onorevoli Alessandro Pagano ed Eugenia Roccella.

Per garantire l'assenza di una vera discussione, interviene nuovamente la Presidente Ferranti, la quale riesce ad aggirare il "fastidioso ostacolo" degli emendamenti attraverso un escamotage.
Annuncia, infatti, con assoluta *nonchalance* che la Presidenza della Commissione ha deciso di far segnalare da ciascun gruppo non più di cinque emendamenti da discutere. Risultato: tutti bocciati e viene così approvato il testo dei due relatori Scalfarotto e Leone. Il primo degli sciagurati patti PD-PdL viene così realizzato.

Poiché si tratta di un importante momento di storia parlamentare il delicato passaggio merita di essere ricordato, citandolo dal resoconto della seduta:

> Donatella FERRANTI (PD), presidente, ricorda che nella seduta antimeridiana i relatori hanno presentato l'emendamento 1.500. Avverte che a tale emendamento

sono stati presentati subemendamenti (vedi allegato 2). Nell'Ufficio di presidenza, integrato dai rappresentanti dei gruppi, si è poi stabilito che ciascun gruppo potesse segnalare non più di cinque subemendamenti. I gruppi hanno quindi provveduto alle segnalazioni (vedi allegato 3), salvo il Gruppo della Lega.

Nicola MOLTENI (LNA) dichiara di non aver fatto alcuna segnalazione in quanto non considera in alcun modo legittima la scelta della presidenza di limitare l'esame dei subemendamenti ai soli segnalati. Pretende quindi che siano posti in votazione tutti e sedici i subemendamenti presentati dal suo gruppo, anche tenuto conto che non sono affatto ostruzionistici. Si rammarica che l'atteggiamento del gruppo PdL sia del tutto incoerente con i comunicati stampa di suoi importanti esponenti, secondo i quali si dovrebbe sospendere l'esame di tutti i provvedimenti su temi etici, a partire da quello in esame.

Alessandro PAGANO (PdL) dichiara di non ritirare alcun emendamento, rilevando come molti di essi non abbiano contenuto ostruzionistico. Chiede, quindi, che siano tutti discussi e votati. In caso contrario, la Presidenza della Commissione Giustizia lederà, senza alcun titolo, il diritto inviolabile che la Costituzione riconosce a ciascun deputato di veder discutere e votare i propri emendamenti.

Gian Luigi GIGLI (SCpI) ritiene paradossale che in occasione della discussione di un testo sulla tutela delle minoranze rispetto ad atti discriminatori si limiti il dibattito discriminando deputati che invece chiedono di approfondire i diversi profili del provvedimento.

Donatella FERRANTI (PD), presidente, replica all'onorevole Pagano che non si sta violando alcun diritto, in quanto la decisione di procedere alle segnalazioni dei subemendamenti è stata assunta, su proposta della presidenza, dall'Ufficio di presidenza, integrato dai rappresentanti dei Gruppi, in considerazione, da un lato, degli oltre trecento subemendamenti, per lo più ostruzionistici, presentati dallo stesso onorevole Pagano e, dall'altro, della scelta condivisa da tutti i gruppi, salvo la Lega, di concludere l'esame in sede referente in tempo utile per avviare l'esame in Assemblea il 26 luglio prossimo, secondo quanto previsto dal calendario della medesima, sia pure a condizione che la Commissione ne abbia nel frattempo concluso l'esame. Proprio in ragione della scelta della Commissione, con l'eccezione della Lega, di concludere comunque l'esame in tempo utile per la predetta data, la Presidenza ha ritenuto opportuno chiedere ai gruppi di segnalare un numero limitato di subemendamenti. Tutti i gruppi, compreso quello di appartenenza del deputato Pagano, che si sono dichiarati favorevoli al rispetto di questa tempistica, hanno condiviso la scelta della Presidenza di fare ricorso ad uno strumento di economia procedurale, quale quello delle segnalazioni degli emendamenti, espressamente richiamato dall'articolo 79, comma 10, del Regolamento, laddove si fa riferimento alla indicazione da parte dei gruppi di emendamenti da votare.

Enrico COSTA (PdL) replica all'onorevole Molteni che il gruppo PdL non tiene alcun atteggiamento contraddittorio, in quanto già nella scorsa settimana egli stesso aveva chiesto di non votare questa mattina ma al termine della seduta pomeridiana dell'Assemblea, in quanto vi era il bisogno, da un lato, di approfondire ancora alcuni aspetti e, dall'altro, di concludere comunque oggi l'esame degli emendamenti per terminare l'esame in sede referente in tempo utile per l'esame dell'Assemblea a partire dal 26 luglio prossimo. Considerato che la mole dei subemendamenti presentati non avrebbe consentito di rispettare la calendarizzazione dell'Assemblea ha accettato la proposta della Presidenza di votare solo i subemendamenti segnalati.

Il lettore dovrebbe tenere a mente quest'ultimo intervento del deputato Enrico Costa, capogruppo PdL in Commissione, perché verrà utile nel prosieguo.

A protestare contro l'affronto perpetrato il 22 luglio scendono in campo i Giuristi per la Vita organizzando due giorni dopo, insieme ai soliti compagni di viaggio, una conferenza stampa presso l'Hotel Nazionale di Piazza Montecitorio, dal titolo "*La chiamano legge contro l'omofobia ma è una legge contro la libertà di pensiero*". Oltre al Presidente Gianfranco Amato, intervengono Riccardo Cascioli, Direttore de La Nuova Bussola Quotidiana, Don Gabriele Mangiarotti, Direttore Responsabile di CulturaCattolica.it, Toni Brandi Editore di Notizie Pro Vita, e Benedetta Frigerio Redattrice di Tempi.it. Alla conferenza stampa prendono la parola i due *matadores* della corrida parlamentare, l'on. Alessandro Pagano e l'on. Eugenia Roccella, oltre al deputato Gian Luigi Gigli e ai senatori Maurizio Sacconi e Carlo Giovanardi. In quell'occasione intervengono anche i rappresentanti de *La Manif pour tous* Italia, illustrando le iniziative della loro meritoria opera di protesta.

Torniamo ai lavori parlamentari, perché l'emendamento 1.500 dei due relatori Leone e Scalfarotto approvato il 22 luglio in Commissione merita, comunque, di essere letto:

EMENDAMENTO DEI RELATORI

ART. 1.
Sostituire l'articolo 1 con il seguente:
Art. 1.
1. All'articolo 3, della legge 13 ottobre 1975, n. 654, e successive modificazioni sono apportate le seguenti modifiche:
a) al comma 1, alle lettere a) e b) sono aggiunte le seguenti parole: «o fondati sull'omofobia o transfobia»;
b) al comma 3, primo periodo, dopo le parole «o religiosi» sono aggiunte le seguenti parole « o fondati sull'omofobia o transfobia».
2. Al Titolo del decreto legge 26 aprile 1993, n. 122, convertito con modificazioni della legge 25 giugno 1993, n. 205, dopo le pa-

role «e religiosa» sono aggiunte le seguenti: «ovvero fondata sull'omofobia o transfobia».
3. Alla rubrica dell'articolo 1, del decreto legge 26 aprile 1993, n. 122, convertito con modificazioni della legge 25 giugno 1993, n. 205, dopo le parole «o religiosi» sono aggiunte le seguenti: «ovvero fondati sull'omofobia o transfobia».
Conseguentemente sopprimere gli articoli 2, 3 e 4.

L'impianto normativo viene quindi ridotto ad un solo articolo con cui viene modificato l'art. 3 della Legge Reale e l'art. della Legge Mancino, semplicemente aggiungendo l'«omofobia» e la «transfobia» alle altre categorie già protette da forme di discriminazione e violenza quali la razza, l'origine etnica, la nazionalità e la religione. Sparisce la disposizione su «orientamento sessuale» e «identità di genere», nonché la pena accessoria "rieducativa".

Secondo la nuova formulazione del disegno di legge a seguito dell'emendamento Leone-Scalfarotto, in pratica l'articolo 3, della legge 13 ottobre 1975, n. 654, dovrebbe leggersi nel seguente modo:

> Salvo che il fatto costituisca più grave reato, anche ai fini dell'attuazione della disposizione dell'articolo 4 della convenzione, è punito:
> a) con la reclusione fino ad un anno e sei mesi o con la multa fino a 6.000 euro chi propaganda idee fondate sulla superiorità o sull'odio razziale o etnico, ovvero istiga a commettere o commette atti di discriminazione per motivi razziali, etnici, nazionali o religiosi, o fondati sull'omofobia o transfobia;
> b) con la reclusione da sei mesi a quattro anni chi, in qualsiasi modo, istiga a commettere o commette violenza o atti di provocazione alla violenza per motivi razziali, etnici, nazionali o religiosi, o fondati sull'omofobia o transfobia.
> È vietata ogni organizzazione, associazione, movimento o gruppo avente tra i propri scopi l'incitamento alla discriminazione o alla violenza per motivi razziali, etnici, nazionali o religiosi, o fondati sull'omofobia o transfobia».

L'art. 1 del decreto legge 26 aprile 1993, n. 122, convertito con modificazioni della legge 25 giugno 1993, n. 205, invece, dovrebbe leggersi così:

> Salvo che il fatto costituisca più grave reato, anche ai fini dell'attuazione della disposizione dell'articolo 4 della convenzione, è punito:
> a) con la reclusione sino a tre anni chi diffonde in qualsiasi modo idee fondate sulla superiorità o sull'odio razziale o etnico, ovvero incita a commettere o commette atti di discriminazione per motivi razziali, etnici, nazionali o religiosi, o fondati sull'omofobia o transfobia,
> b) con la reclusione da sei mesi a quattro anni chi, in qualsiasi modo incita a commettere o commette violenza o atti di provocazione alla violenza per motivi razziali, etnici, nazionali o religiosi, ovvero fondati sull'omofobia o transfobia.

Resta, comunque, come vedremo, tutta la pericolosità insita nell'idea stessa di introdurre una simile legislazione.
Il fatto positivo di aver espunto dal testo originale il concetto di identità di genere – gli stessi relatori si devono essere resi conto di aver esagerato, o hanno semplicemente ceduto a pressioni esterne – viene, peraltro, vanificato dalla notizia della sentenza del Tribunale di Rovereto con cui si è ritenuta legittima la riattribuzione del genere anagrafico senza il ricorso dell'intervento chirurgico o a sterilizzazione. A riprova di quanto sia potente la deriva ideologica del gender, e di quanto spesso ricordi la fatica di Sisifo il fatto di combatterla. Appena uscita dalla porta della politica parlamentare, il concetto di identità di genere rientra dalla finestra della magistratura.

In un duro comunicato stampa i Giuristi per la Vita denunciano l'intervento dei giudici roveretani:

> (...) Si tratta dell'ennesimo tentativo di introdurre nel nostro ordinamento giuridico il concetto di identità di genere, tentativo effettuato, oltretutto, non mediante un appro-

fondito e pubblico dibattito parlamentare ma attraverso la pericolosa scorciatoia della via giudiziaria.
Si tratta di un intervento volto ad incidere profondamente nella stessa prospettiva antropologica dell'uomo, con inevitabili gravi conseguenze.
Si tratta di una questione troppo seria per essere lasciata alle sperimentazioni da laboratorio di magistrati che si arrogano il diritto di assurgere al ruolo di giudici-legislatori.

Anche su questa vicenda Radio Vaticana dà spazio ai Giuristi per la Vita, il 3 agosto, con un'intervista dal titolo *Dichiarato donna senza intervento chirurgico. Controversa sentenza del Tribunale di Rovereto*

Nato maschio, oggi sui documenti ha ottenuto di essere identificato come femmina, senza dover ricorrere ad intervento chirurgico o a sterilizzazione. È accaduto a Rovereto dove il Tribunale ha accolto la richiesta di un uomo cinquantenne che dichiarava con decisione di sentirsi donna, senza vivere per questo "conflittualità" psicofisiche. Secondo il giudice, l'operazione per rimuovere gli organi genitali è necessaria solo se nell'individuo la discrepanza tra psico-sessualità e sesso anatomico genera un rifiuto nei confronti del proprio corpo. Quale le implicazioni di questa sentenza? Paolo Ondarza lo ha chiesto a Gianfranco Amato, presidente dei "Giuristi per la Vita":

R. – *Purtroppo, bisogna dire che questo è l'ennesimo tentativo di introdurre nel nostro ordinamento giuridico il concetto di identità di genere, inteso come la percezione che una persona ha di sé come appartenente al genere femminile o maschile, anche se opposto al proprio sesso biologico. Si tratta di un cambiamento, anche antropologico, inevitabilmente destinato ad avere gravi e serie conseguenze. Quel che preoccupa e che inquieta, è che questa cosa sia avvenuta non attraverso un processo decisionale del Parlamento, con una legge, ma attraverso la giurisprudenza. È una questione antropologica troppo importante per essere lasciata all'esperimento e al laboratorio di magistrati che si arrogano il diritto di diventare giudici legislatori.*

D. – Il benessere psicofisico in questa sentenza è stato determinante per consentire a quest'uomo di essere dichiarato donna...

R. – *Il punto fondamentale è proprio questo: in virtù del concetto della teoria del gender, non si è uomini o donne a seconda del dato oggettivo che emerge dalla natura, ma in base alla percezione soggettiva: cioè, si decide che cosa si è. Per cui, il desiderio diventa diritto, il capriccio diventa diritto. Questo, dal punto di vista giuridico, è molto preoccupante!*

D. – Queste considerazioni cambiano, invece, per chi si sottopone ad un intervento chirurgico?

R. – *No, in realtà non cambiano. Il nostro ordinamento giuridico prevede, oggi, per espressa normativa, che si possa accedere al cambiamento del sesso attraverso l'operazione chirurgica. Ma anche la scelta di sottoporsi ad un intervento chirurgico è figlia di questa impostazione soggettiva.*

D. – Quindi potremmo dire che con questa sentenza c'è un ulteriore arbitrio, un'ulteriore libertà nell'interpretazione della legge?

R. – *Certo: è un passo ulteriore verso la teoria del gender; supera anche quella barriera minima che fino ad oggi è riconosciuta essere la fisicità, quindi non c'è neanche più bisogno dell'intervento che modifichi la natura.*

D. – Questo caso ha tre precedenti, in Italia, tutti a Roma: il primo nel 1997, poi nel 2011 e nel 2012. Ecco, sentenze di questo tipo rafforzano – come dice Lei – l'ideologia del

gender che, ricordiamo, secondo l'Osservatorio van Thuân per la Dottrina sociale della Chiesa, sta snaturando la natura umana e rappresenta un'emergenza non meno grave ed urgente di povertà e sfruttamento...
R. – *Certo: si sta modificando una concezione antropologica che appartiene a duemila anni di storia! La nostra società è erede della grande civiltà greco-romana, rielaborata anche dall'esperienza storica del cristianesimo, ha un rispetto per l'oggettività del reale, della natura.*

Intanto i lavori parlamentari relativi al disegno di legge sull'omofobia procedono a tappe forzate verso l'approdo in Aula. In previsione di ciò i Giuristi per la Vita decidono di inviare, il 28 luglio, una lettera a tutti i deputati, quale ultimo appello per scongiurare l'approvazione di norme ingiuste e liberticide:

Legge contro l'omofobia: un serio rischio per la libertà di opinione, e un pericoloso strumento per una campagna eterofoba e cristianofoba
Onorevoli parlamentari,
intendiamo sottoporre alla Vostra cortese attenzione i rischi derivanti dal DDL contenente disposizioni in materia di contrasto dell'omofobia e della transfobia, così come formulato a seguito dell'emendamento dei relatori del 22 luglio scorso, che resta, anche dopo le modifiche apportate, un testo pericoloso sotto il profilo giuridico, come abbiamo evidenziato in un articolo pubblicato il 26 luglio 2013 su La Nuova Bussola Quotidiana.
In assenza di un'espressa definizione normativa del concetto di «omofobia» e «transfobia», il rischio che si corre è quello di creare una sorta di "reato giurisprudenziale", il cui contenuto precettivo verrà rimesso all'autorità giudiziaria chiamata a pronunciarsi sul singolo caso, con buona pace del principio di oggettività del reato e dei diritti alla libertà di opinione e di credo religioso, sanciti dagli articoli 19 e 21 della nostra Costituzione.
Tutto ciò ci preoccupa profondamente, giacché, anche alla luce di ciò che accade in altri Paesi europei, con le nuove

norme proposte potrà essere considerato comportamento omofobo, ad esemio, sostenere pubblicamente:
a) che è giusto impedire agli omosessuali e ai transessuali l'accesso al diritto di sposarsi e a quello di adottare minori;
b) che l'omosessualità rappresenta una «grave depravazione», citando le Sacre Scritture della religione cristiana (Gn 19,1-29; Rm 1,24-27; 1 Cor 6,9-10; 1 Tm 1,10), o che gli atti compiuti dagli omosessuali sono «intrinsecamente disordinati», «contrari alla legge naturale», poiché «precludono all'atto sessuale il dono della vita e non costituiscono il frutto di una vera complementarietà affettiva e sessuale» (art. 2357 Catechismo cattolico).
c) che omosessualità e transessualità appartengono oggettivamente alla sfera etico-morale, e possono quindi essere sottoposte ad un giudizio di riprovazione;
d) che vi sono ambiti nei quali non può considerarsi ingiusta discriminazione il fatto di tener conto della tendenza sessuale (p.e. collocazione di bambini per adozione o affido).
I reati delineati nel disegno di legge sono accomunati dal fatto di porre omosessualità e transessualità quali valori collettivi da proteggere in sé, attraverso una tutela speciale per i soggetti che ne sono portatori, al di là di quella che il sistema penale assicura a qualunque comune cittadino. Appare del tutto evidente che siamo di fronte ad una proposta assurda, oltre che giuridicamente infondata, perché analoga protezione potrebbe essere invocata da una serie infinita di soggetti in ragione di proprie condizioni personali (obesi, fumatori, cacciatori, o anche cattolici praticanti).
Per tutti questi motivi, i Giuristi per la Vita chiedono a tutti i parlamentari chiamati al voto di non approvare il disegno di legge *de quo.*

La notizia della lettera inviata ai parlamentari da parte dei Giuristi per la Vita varca i confini del nostro Paese e viene diffusa a livello internazionale dalla prestigiosa agenzia *LifeSiteNews* il 5 agosto 2013, con un articolo di Hilary White intitolato *Anti-*

homophobia, "transphobia" bill could silence Christians, Italian family groups warn:

> *(...) Despite a marathon amendment session on July 22, critics of the bill maintain that it «remains even after the changes, a dangerous legal point of view». Gianfranco Amato, head of Giuristi per la Vita, said in a letter to parliamentarians July 28, that the bill as it stands risks «creating a sort of "judicial crime"» with undefined terms being inserted into existing law.*
> *«Everything concerns us deeply», he wrote, «because, especially in the light of what is happening in other European countries, with the new proposed rules it will be considered "homophobic behavior", for example, to publicly support preventing homosexuals and transsexuals from "marrying" and adopting children, or to say that that homosexuality is a "serious depravity", citing the scriptures of the Christian religion». (...).*

La discussione in Aula viene calendarizzata per il 5 agosto 2013.

A complicare ulteriormente il già intricato percorso della genesi di una legge assurda, giunge, al limite della data prevista per la discussione in Aula, il parere della Prima Commissione Permante Affari Costituzionali sul disegno di legge Scalfarotto.

Quel parere lancia ombre inquietanti sulla legittimità costituzionale dell'impianto normativo, e si conclude con una valutazione favorevole solo ad alcune espresse condizioni. Che ovviamente, come vedremo, non verranno prese in considerazione dalla Commissione. Ma andiamo per gradi.

Utile la lettura integrale del parere:

PARERE DELLA I COMMISSIONE PERMANENTE
(Affari costituzionali, della Presidenza del Consiglio e interni)

La I Commissione,
- esaminato il testo unificato delle proposte di legge C. 245 Scalfarotto ed abbinate, come modificato dagli emendamenti approvati, recante «Disposizioni in materia di contrasto dell'omofobia e della transfobia»;
- rilevato come quanto previsto dal testo vada valutato con ponderazione e attenzione, tenendo conto in particolare di quanto sancito dagli articoli 3, 21, 25 e 27 della Costituzione;
- evidenziato in particolare come vada valutato il rispetto del principio di tassatività e determinatezza della fattispecie penale poiché gli elementi previsti dal testo sono suscettibili di ricomprendere situazioni ampie e indeterminate e si fondano su situazioni e scelte soggettive – anziché su posizioni oggettive – attenendo alla sfera individuale della persona e con carattere potenzialmente mutevole nel tempo e quindi di difficile verifica;
- tenuto conto che quanto stabilito dal testo potrebbe prefigurare una situazione normativamente differenziata rispetto ad altre situazioni analogamente meritevoli di tutela, in cui si commettono delitti contro la persona in ragione delle condizioni personali, così violando il principio di uguaglianza e la giurisprudenza delle Corti europee;

- evidenziata altresì la necessità di assicurare il rispetto del principio di libertà di espressione di cui all'articolo 21 della Costituzione evitando il rischio in particolare di scivolare sul delicato territorio dei reati di opinione e di introdurre nell'ordinamento illegittime violazioni delle libertà di manifestazione del pensiero, anche perché potrebbe risultare alquanto difficoltoso sul piano probatorio ricostruire i motivi che hanno determinato l'agire;
- rilevato altresì come gli elementi previsti dal testo, avendo per oggetto moventi interiori il cui accertamento obiettivo non è univoco possono dar luogo alla presunzione di sussistenza ogni volta che la condotta illecita interessi soggetti di cui siano note l'omosessualità o la transessualità, e così introdurre una vera e propria inversione dell'onere probatorio;
- rilevato che conseguentemente, al fine del rispetto del principio di determinatezza e di tassatività delle norme incriminatrici (articoli 25 e 27 della Costituzione), risulta necessario richiedere che la condotta di istigazione sia esplicitata, non potendosi mai dedurla dalla opinione espressa (pure se rilevante ai sensi dell'articolo 595 del codice penale);
- rilevato infine che, gli elementi in questione consentono, come introdotti nel sistema vigente, di ricorrere alla applicazione dell'aggravante di cui all'articolo 61 n. 1 del codice penale, così efficacemente completando l'apparato sanzionatorio,

esprime

PARERE FAVOREVOLE

con la seguente condizione:

1) valutato con attenzione e ponderazione quanto stabilito dal testo in esame, tenendo conto di quanto evidenziato in premessa, con particolare riguardo al rispetto degli articoli 3, 21, 25 e 27 della Costituzione, relativamente alla necessità di dettagliare e specificare la condotta di istigazione, quale elemento discretivo della semplice opinione:

a) all'articolo 1, comma 1, prima della lettera a), sia aggiunta la seguente:

a) al comma 1, alle lettere a) e b), le parole: «istiga a commettere o commette» sono sostituite con le seguenti: «apertamente istiga a commettere o commette»;

b) all'articolo 1, comma 1, dopo la lettera b), sia aggiunta la seguente:
b-bis) al comma 3, le parole: «l'incitamento» sono sostituite dalle seguenti: «l'aperto incitamento»;
e con le seguenti osservazioni:
a) si tenga conto che quanto stabilito dal testo potrebbe prefigurare una situazione normativamente differenziata rispetto ad altre situazioni analogamente meritevoli di tutela, in cui si commettono delitti contro la persona in ragione delle condizioni personali, così violando il principio di uguaglianza e la giurisprudenza delle Corti europee;
b) in tale percorso, si tenga conto dell'applicabilità agli elementi introdotti dell'aggravante generale «motivi abietti o futili» di cui all'articolo 61, n. 1, del codice penale.

Si tratta di un parere che, come vedremo di seguito, verrà definito «pesantissimo», ma che lascia del tutto indifferente l'imperturbabile Presidente della Commissione Giustizia, la quale non ritiene di accettare le condizioni imposte dai colleghi della Commissione Affari Costituzionali. Spiega, infatti, l'on. Ferranti che «recependo la condizione si introdurrebbero ulteriori elementi di qualificazione della condotta, che produrrebbero l'effetto di ridurre l'ambito di applicazione della legge Reale-Mancino: non solo quando le ipotesi discriminatorie e di violenza previste dall'articolo 3 siano motivate da omofobia o transfobia, ma anche quando esse siano dovute a motivi razziali, etnici, nazionali o religiosi». Sempre secondo la Presidente «si aprirebbe, quindi, un tema completamente nuovo, che non attiene più all'estensione dell'articolo 3 della legge Reale-Mancino alle ipotesi di omofobia e transfobia, bensì alla riduzione dell'ambito di applicazione dell'articolo 3 nel suo complesso». Quindi, si bypassi l'ostacolo e si affronti la questione nella discussione generale in Aula. La Presidente propone, infatti, di «conferire ai relatori il mandato a riferire favorevolmente all'Assemblea e di svolgere un approfondimento delle tematiche e delle questioni poste dal parere della I Commissione nel corso dell'esame in Assemblea».

Inevitabili le sacrosante proteste da parte di alcuni membri della Commissione.

Anche questa vicenda, appartenendo ad una pagina – poco gloriosa – della nostra storia parlamentare, merita una citazione tratta dal resoconto della seduta tenutasi il 2 agosto 2013:

> Nicola MOLTENI (LNA) dichiara di non condividere affatto la proposta della Presidente, poiché si è di fronte a un parere «pesantissimo» della Commissione Affari Costituzionali che, certamente, limita l'ambito di applicazione della legge Reale-Mancino, ma lo fa con riferimento alle modifiche introdotte in relazione all'omofobia e transfobia.
> Massimo PARISI (PdL) ritiene che il parere della I Commissione sia significativo e che la relativa condizione debba essere recepita.
> Massimo PARISI (PdL) precisa di non avere inteso dire che il suo gruppo non intende votare sulla proposta di conferimento del mandato ai relatori e, pertanto, dichiara che oggi il PdL voterà su tale proposta.
> Nicola MOLTENI (LNA) ritiene che sarebbe offensivo ritenere che la I Commissione abbia espresso un parere politico, trattandosi invece di un parere estremamente rilevante, che la Commissione Giustizia avrebbe tutto il tempo di esaminare e approfondire.

Alla fine, la Commissione delibera, ovviamente, «di conferire il mandato ai relatori, onorevoli Leone e Scalfarotto, di riferire in senso favorevole all'Assemblea sul provvedimento in esame». Con buona pace delle condizioni poste nel parere della Commissione Affari Costituzionali. Sulle legittime obiezioni prevale la regola matematica dei voti.

Due note di colore su quest'ultima scena da allegra *vaudville*. La prima riguarda l'acclarata incoerenza degli esponenti del Partito Democratico, i quali in Commissione Affari Costituzionali votano a favore del parere condizionato, e in Commissione Giustizia votano tranquillamente contro il recepimento delle condizioni.

La seconda nota riguarda un intervento tenuto dalla Presidente on. Donatella Ferranti nel corso della discussione, quando, dopo aver premesso che «ai sensi dell'articolo 25 della Costituzione, le condotte penalmente rilevanti debbano essere determinate», ha ricordato «come, invece, l'avverbio "apertamente" e l'aggettivo "aperto" riferiti, rispettivamente, all'istigazione e all'incitamento, rappresentino degli elementi di assoluta indeterminatezza e, quindi, di discrezionalità». Concludeva, quindi, ritenendo, «da giurista, prima ancora che nella qualità di Presidente della II Commissione», che non sussistessero «i presupposti per recepire la condizione apposta al parere della I Commissione». È singolare come l'indubbia sensibilità giuridica della Presidente si sia preoccupata dei rischi di indeterminatezza del concetto relativo all'avverbio «apertamente» e all'aggettivo «aperto», ma non del concetto relativo ai sostantivi «omofobia» e «transfobia», presupposti oggettivi del reato. Contraddizioni tipicamente leguleie e avvocatizie, si dirà.

Intanto, si arriva, così, alla fatidica data del 5 agosto 2013. Il tema, peraltro, pare essere talmente grave ed urgente da costringere l'Aula di Montecitorio allo straordinario. La discussione della proposta di legge concernente *Disposizioni in materia di contrasto dell'omofobia e della transfobia (A.C. 245-280-1071-A),* infatti, avverrà in seduta notturna.

Occorre a questo punto precisare che ai lavori preparatori di una legge, secondo la Corte di Cassazione, può attribuirsi, seppure in via sussidiaria, un certo valore ermeneutico. Più precisamente, quando l'interpretazione letterale dia luogo ad incertezze o dubbi riguardanti la costituzionalità, la ricerca della *mens legis* anche attraverso i lavori preparatori può avere un certo peso.

Anche per questo appare quindi utile riscostruire quanto avvenuto nella notte del 5 agosto 2013 durante la seduta svoltasi presso la Camera dei Deputati, attraverso una sintesi dgli interventi di tutti i parlamentari che hanno partecipato alla discussione.

ANTONIO LEONE
Esordisce uno dei due relatori del disegno di legge, l'on. Antonio Leone (PdL), che dopo aver evidenziato «l'oggettiva difficoltà tecnica che comporta l'individuazione di una sanzione penale in materia così sensibile», presenta il testo sottoposto a dibattito come «un risultato importante», «frutto di una mediazione tra forze politiche che in passato avevano manifestato sul tema dell'omofobia posizioni molto diverse, se non addirittura inconciliabili, almeno in apparenza».

Leone precisa altresì che il testo non mette in alcun pericolo la libertà di opinione. Questa granitica convinzione non gli impedisce di dire, però, che «tuttavia, se si vuole evitare, *ad abundantiam*, qualsiasi rischio di applicazione distorta della norma penale in questione, si potrebbe introdurre nel testo una norma di chiusura che riprenda alcuni degli emendamenti presentati dai vari gruppi, che sono volti a specificare che le disposizioni in materia di orientamento sessuale previste dal testo in esame non si applicano nel caso in cui le idee sulle persone oggetto di tutela da parte dello stesso siano diffuse limitatamente all'ambito educativo, didattico, accademico, scientifico, letterario, teologico, catechistico, purché non incitino alla discriminazione, all'odio e alla violenza».

Ritiene, infine, di dover spendere «qualche parola sulla paventata presunta illiberalità di questa legge che combatterebbe le opinioni non con le opinioni ma a colpi di galera», precisando testualmente: «Basterebbe ricordare in proposito certe situazioni, anche nell'ambito della stessa chiesa, certi preti in Italia minacciavano di scomunicare chi non avesse votato in un certo modo, mi riferisco all'allora Democrazia Cristiana, e scacciavano dalle chiese i conviventi; sono passati sessant'anni da quegli episodi». Onestamente, il paragone fatto non pare un esempio di adamantina chiarezza.

IVAN SCALFAROTTO
Prende poi la parola il secondo relatore, l'on. Ivan Scalfarotto (PD), il quale ribadisce quanto va da tempo sbandierando circa la necessità, bontà ed urgenza di una legge per contrastare l'omofobia e la transfobia, presentando il testo sottoposto alla

discussione dell'Aula come esempio di alta mediazione, sempre perfezionabile in sede di dibattito. Si spertica nelle assicurazioni che la legge proposta non intaccherà minimamente il diritto alla libertà di opinione, fino a citare la celebre frase – divenuta motto dei liberali – erroneamente attribuita a Voltaire (in realtà fu la scrittrice inglese Evelyn Beatrice Hall a coniare il detto «*I disapprove of what you say, but I will defend to the death your right to say it*»).

COSIMO MARIA FERRI
A nome del Governo interviene il Sottosegretario di Stato per la giustizia, Cosimo Maria Ferri, che dopo aver dichiarato di sottoscrivere le parole dell'on. Scalfarotto, e dopo aver elogiato la pazienza e l'impegno dei relatori, auspica che la Camera dei Deputati possa giungere, senza ipocrisia, ad approvare una legge giusta con il massimo consenso possibile.

SILVIA CHIMIENTI
Prende la parola l'on. Silvia Chimenti (M5S), fortemente critica rispetto al testo proposto, considerato «simbolo dell'Italia del compromesso e della non decisione, in cui si preferisce improvvisare soluzioni al ribasso piuttosto che svoltare una volta per tutte». Secondo la deputata, infatti, il testo in discussione appare «monco, prosciugato dei suoi significati più innovativi, appiattito durante i suoi mille passaggi in Commissione giustizia e bersaglio di logiche di potere e di apparato, consumatesi dentro e fuori dal palazzo, che ne hanno progressivamente allentato la portata». Per l'on. Chimenti, «il testo, così come è, si discosta anni luce da ciò che l'Europa ha sancito da tempo e che tutte le associazioni richiedono a gran voce», e questo perché «ogni volta che in Italia si è tentato di squarciare il velo delle reticenze e del pregiudizio in tema di omofobia e transfobia il copione è stato sempre lo stesso: alcuni organi di informazione che ritengono di farsi portavoce del messaggio cristiano, spalleggiati da esponenti di correnti cattoliche o presunte tali in seno ai partiti politici, hanno messo in atto una vera e propria strategia del terrore diffondendo falsi allarmismi sulle conseguenze che l'approvazione di una legge seria contro l'omofobia avrebbe», e denuncia i

«fiumi di inchiostro versati negli ultimi giorni sui pericoli di questa legge, paventando falsamente una sorta di bavaglio al libero pensiero e millantando una parificazione tra chi commette violenza o discriminazione e chi per motivi religiosi o morali indichi nella famiglia tradizionale la via preferibile».

«Altrettanto ingiusto, e forse assai più grave», per la deputata grillina, è il fatto di «utilizzare a proprio piacimento la religione e le argomentazioni assurde circa le tradizioni centenarie della chiesa cattolica, ergendosi a depositari esclusivi di verità e di dogmi morali che nulla hanno a che vedere con l'insegnamento originario di Gesù Cristo», di quel «Gesù Cristo umile, difensore degli emarginati e degli ultimi, primo grande rivoluzionario della storia», che «disse: "Non giudicate e non sarete giudicati, non condannate e non sarete condannati, perdonate e vi sarà perdonato"».

Com'è, poi, possibile, per l'on. Chimenti «rimanere sordi persino alle affermazioni di Papa Francesco che pochi giorni fa ha pronunciato al mondo intero parole di grande impatto affermando: "se una persona è gay e cerca il Signore, chi sono io per giudicarlo? Non si devono discriminare o emarginare queste persone, lo dice anche il Catechismo. Il problema per la Chiesa non è la tendenza. Gli omosessuali sono fratelli"».

PAOLA BINETTI

Interviene l'on. Paola Binetti (Scelta Civica) dichiarandosi «fermamente convinta che la vigente normativa in materia di reati contro la persona sia già sufficientemente adeguata a punire i comportamenti che con la proposta di legge in esame si intendono perseguire», e che non ci sia, quindi, «la necessità di introdurre nuovi reati o aggravanti». Si dichiara, altresì, convinta che «l'introduzione dei reati di omofobia e transfobia potrebbe avere ricadute sulle norme del Codice civile che regolamentano il matrimonio tra uomo e donna e le altre norme in materia di famiglia e minori, dove si parla di padre e madre, uomo e donna». Per questa ragione la deputata di Scelta Civica annuncia di aver «presentato un emendamento che faccia da clausola di salvaguardia, una sorta di garanzia contro lo stravolgimento del quadro normativo attuale, che costituisce la base della coesione sociale nel nostro Paese, proprio attraverso il modello di famiglia previsto dalla nostra Costituzione», e per evitare che si attui mediante la via legislativa un «un piano inclinato per introdurre successivamente altre norme che riguardano matrimonio ed adozione».

La stessa deputata, inoltre, si rammarica molto «che il dibattito si svolga in un Parlamento quasi vuoto, a ore notturne, e quindi senza quella partecipazione convinta che una proposta di legge di questo tipo, che tocca il tema dei diritti umani, avrebbe meritato»; non pare davvero «un'operazione di grande rispetto nei confronti dei proponenti della stessa proposta di legge». Il punto fondamentale, per la Binetti, resta quello della libertà di opinione: «Possiamo continuare ad interrogarci sull'omosessualità? Possiamo parlare delle sue cause, della sua natura, del suo rilievo esistenziale, delle sue mille varianti? (...) Potrebbe, ad esempio, apparire come reato, in quanto giudicato segno e sintomo di discriminazione e di omofobia, l'opporsi al matrimonio gay o all'adozione da parte delle coppie gay, cosa particolarmente rilevante, se si tiene conto che, proprio in questo momento, al Senato, si stanno discutendo questi disegni di legge? Cosa è accaduto e cosa sta accadendo in Europa nella lotta contro l'omofobia?».

Ricorda, infine, che «le notizie che arrivano dall'Europa ove simili leggi sono già in vigore, suscitano non poche perplessità», come si può vedere in «Francia a proposito del recente dibattito sull'adozione da parte delle coppie omosessuali», ove «dire che la famiglia è solo quella tra un uomo e una donna può essere rubricato come omofobo e perseguito».

ALESSANDRO ZAN

Prende la parola l'on. Alessandro Zan (SEL) che dopo aver rassegnato una sorta di bollettino di guerra, elencando tutti i casi di violenza su omosessuali, denuncia «una parte della politica che mette sotto accusa di volta in volta addirittura l'esistenza di lobby gay, si scaglia contro quello che definisce il *politically correct* sui diritti, si appella alla libertà di coscienza nell'espressione del voto fino adesso a giungere alla richiesta, qualche tempo fa, di una moratoria su quello che chiama i "temi etici"». Sul punto l'onorevole deputato appare risoluto nell'affermare che non si tratta di temi etici ma di «discriminazioni e avvenimenti», e che non si può consentire alle persone di essere «libere di insultare», a quelle persone che «si sentono i depositari della rappresentanza, anche dei cattolici, quelli che cercano un po' di visibilità sui media parlando male delle persone omosessuali».

Poi, Zan si scaglia contro l'editoriale di Piero Ostellino pubblicato sul Corriere della Sera nel quale veniva criticata la discussione e l'eventuale approvazione di una legge contro l'omofobia, chiedendosi: «Ma dove vivono tutti quelli che la pensano in questo modo? Ma le leggono le cronache dei giornali, o si limitano a leggere i loro stessi articoli? Forse a loro sono sfuggite le aggressioni all'uscita dei locali gay. Sfuggono le aggressioni nei confronti delle persone trans, sfuggono gli atti di discriminazione nei confronti dei più giovani, che sono quelli che in numero maggiore si rivolgono alle associazioni e ai centri omofobia e che sono poi quelli che sono spinti al suicidio?». Opporsi, poi, al diritto al matrimonio tra persone dello stesso sesso, per l'on. Zan, costituisce una forma di «omofobia sotterranea».

La verità, per lo stesso Zan, è che «chi si oppone è chiaramente favorevole al perdurare di discriminazioni», «è complice di quelle forme di discriminazione e anche di aggressioni che a parole si condannano, però ogni volta che arriva la legge in Aula si cerca di affossarla». Con buona pace del diritto di opinione.

ELENA CARNEVALI

Segue l'intervento dell'on, Elena Carnevali (PD), la quale si limita ad evidenziare l'«urgenza» di una «legge che nulla ha a che vedere con la violazione del principio di uguaglianza o con il reato di opinione, come lo stesso onorevole Leone ha rassicurato». Contenta lei.

MATTEO BRAGANTINI

Prende la parola l'on. Matteo Bragantini (Lega Nord) il quale ricorda «quanti ragazzi, da giovani, sono stati presi in giro per differenze fisiche, perché sono un po' obesi, perché sono grassottelli, perché hanno gli occhiali, perché magari hanno problemi di deambulazione e zoppicano, oppure per altri grandissimi motivi». L'esempio serve per evidenziare il motivo per cui non si riesce «a capire perché fare una legge solo per una tipologia di violenza verso una caratteristica di una persona». Si chiede, infatti, Bragantini: «Perché non facciamo leggi verso altre caratteristiche, per tutte le caratteristiche, dicendo che questi sono tutti futili motivi ed elencando tutti i motivi? Ciò se vogliamo essere chiari. Ma, a nostro avviso, neanche serve, perché lo prevede l'articolo 3 della Costituzione che non devono esserci differenze davanti alla legge per motivi religiosi, di razza, di nazione, politici e via dicendo». «Se ricevo uno schiaffo perché sono della Lega e di Verona», provoca Bragantini, «la mia offesa, dallo Stato, viene valutata meno che se fosse un'offesa per altri motivi; non mi sembra corretto e non è costituzionale».

L'opposizione alla proposta di legge, secondo il deputato leghista, si fonda per il «contrasto con gli articoli 3 e 25 della nostra Costituzione», e sul relativo pericolo che essa vada «ad aprire le porte a leggi cui i leghisti sono totalmente contrari: quella del matrimonio tra omosessuali e delle adozioni da parte di omosessuali».

EUGENIA ROCCELLA

Prende la parola l'on. Eugenia Roccella (PdL) dichiarandosi, innanzitutto, «molto dispiaciuta del fatto che il dibattito sia stato confinato in sessione notturna, su un provvedimento delicato come quello sull'omofobia, ma anche coinvolgente». Ricorda, fra l'altro, «che c'è stata già una seduta notturna in Commissione giustizia, in cui si è liquidato velocemente il testo unificato senza neanche prendere in esame gli emendamenti proposti dai parlamentari». Paventa, quindi, il pericolo che tale comportamento diventi un'abitudine, e che si finisca per «andare di notturna in notturna senza mai fare un dibattito veramente ampio, un dibattito che si rifletta anche nel Paese, non ideologico, dettagliato però, che entri nel merito del provvedimento».

La deputata pidiellina dopo aver contestato il metodo di inanellare racconti di aggressioni, di violenze e di singoli episodi contro omosessuali o transessuali», precisando che «il problema, da legislatori, è quello di tutelare il più possibile in modo largo tutti quelli che possono essere vittime di discriminazioni o di violenze, e soprattutto di tutelare quelli che, tra l'altro, non hanno voce», pone seri dubbi sulla stessa gravità ed urgenza del problema relativo all'intolleranza omofobica nel nostro Paese. Cita, infatti, i dati contenuti nel rapporto del *Pew Research Center*, intitolato *"Dove l'omosessualità è più accettata"*, dai quali emerge che il 74 per cento della popolazione italiana accetta l'omosessualità, e che il nostro Paese si piazza al quarto posto mondiale, dietro gli Stati Uniti e il Canada, fra i Paesi che hanno fatto i più grandi passi avanti nell'accettazione dell'omosessualità negli ultimi anni, dal 2007 al 2013. E per avvalorare la tesi, prende ad esempio i casi di Crocetta e di Vendola, i quali, peraltro, con la loro elezione hanno smentito il luogo comune secondo cui nell'area meridionale del nostro Paese vigono forti pregiudizi omofobici.

Anche la Roccella, poi, censura l'idea che si possa ragionare per categorie, chiedendosi provocatoriamente se «adesso occorre fare una legge per difendere quelli che sono in sovrappeso». Denuncia, inoltre, i rischi derivanti dalla «incertezza in ordine alle ragioni e ai fini della condotta discriminatoria», giacché appare davvero arduo capire «quando si può parlare di discriminazione penalmente perseguibile, e quando si potrà dire di aver agito per omofobia in assenza di una specificazione normativa di un tale concetto». Evidenzia, infine, ciò che accade in Europa, in quegli Stati «che hanno fatto molto prima di noi leggi di questo genere», denunciando che «in moltissimi casi, tali norme hanno portato a vere e proprie discriminazioni, ingiustizie, e repressione della libertà di pensiero e di espressione».

Per l'on. Roccella, in realtà, sarebbe stato sufficiente «istituire un'aggravante agganciata all'articolo 61 del codice penale e allargata, oltre che all'orientamento sessuale, anche proprio a tutti i fattori personali previsti dal trattato di Lisbona», poiché tale «soluzione ragionevole non avrebbe protetto soltanto omosessuali e transessuali, ma anche tutte le fragilità personali che possono portare ad essere vittime di odio, violenza, bullismo e discriminazione».

GIAN LUIGI GIGLI

Interviene successivamente l'on. Gian Luigi Gigli (Scelta Civica), evidenziando come «per proteggere le persone omosessuali e transessuali si sia scelto di utilizzare lo strumento della legge Reale-Mancino che con loro non c'entra nulla, non potendosi certo a loro proposito parlare di discriminazioni per motivi razziali o etnici o falsamente religiosi». Se l'orientamento sessuale può essere causa di discriminazione o di violenza, secondo Gigli è lecito chiedersi se in Italia, Paese in cui l'omosessualità è stata depenalizzata un secolo prima di Paesi come il Regno Unito, gli omosessuali e transessuali siano davvero una minoranza discriminata e vi fosse dunque urgenza di questa legge. Cita il sondaggio SWG, "*Scenari di un'Italia che cambia*", del giugno 2013, sulle categorie sociali più odiate, il quale ha rilevato, su un campione di 1.500 persone, che il 12 per cento degli interpellati considera "nemici" gli immigrati e persino un 1 per cento considera "nemici" i "terroni", mentre nessuno degli intervistati ha dato questa risposta a riguardo degli omosessuali. Si potrebbe quindi benissimo dar ragione, secondo Gigli, a quanto scritto da Piero Ostellino sul Corriere della Sera.

Per lo stesso deputato di Scelta Civica «la normativa vigente in materia di reati contro la persona è ampiamente sufficiente, grazie anche all'aggravante prevista per i motivi abbietti, a punire i comportamenti che la proposta di legge in esame intende perseguire, senza introdurre per questo nuovi reati che attribuirebbero privilegi a favore di una categoria di persone in virtù dei suoi comportamenti sessuali, operando di fatto una discriminazione al contrario».

Il vero intento dei promotori, secondo Gigli, è forse quello di volere «una legge-simbolo chiamata ad assolvere un compito pedagogico, minacciando la pena, non per tutelare il bene comune, ma per educare i cittadini ad una visione del mondo e della società, e per gettare discredito su chi ritiene che le differenze biologiche e psicologiche tra maschio e femmina costituiscono il presupposto ineliminabile per la famiglia, come società naturale fondata sul matrimonio e come cellula fondamentale del corpo sociale». Sul punto Gigli precisa: «Ce l'ha mostrato poco fa proprio l'onorevole Zan, sospettando appunto sentimenti omofobi in chi si ostina a sostenere la famiglia fondata da un uomo e una donna; colui che ritiene valida la legge naturale viene dunque sospettato di essere omofobo e quindi potenzialmente violento, indotto per questo a sentirsi in colpa». Lo stesso deputato Gigli insiste nel dire che «forse l'obiettivo non dichiarato è quello di intimidire la libertà di espressione, la libertà di insegnamento e la libertà delle istituzioni religiose di potere continuare a insegnare che Dio li creò maschio e femmina e che la famiglia e il matrimonio possono realizzarsi solo nell'unione tra un uomo e una donna». Denuncia, poi, il rischio che il provvedimento in discussione, se non sarà modificato dall'Aula, potrà essere usato come «cavallo di Troia» per «impugnare davanti ai tribunali le decisioni intenzionalmente discriminatorie, ma non per questo offensive o violente, che un'istituzione debba trovarsi costretta ad adottare per tutelare i propri fini ispiratori e i propri valori di riferimento», e potrebbe, inoltre, essere usato «per smantellare, in nome della non discriminazione, le leggi sulla famiglia, sull'adozione e sulla procreazione artificiale».

A questo punto l'on. Gigli chiede un'esplicita esclusione dall'ipotesi di istigazione alla discriminazione, di alcuni casi esemplificativi, quali quello di «un insegnante che in una scuola pubblica si azzardi a definire il matrimonio tra uomo e donna come "l'unica forma di unione corrispondente al diritto naturale e utile al bene comune della società", oppure, il caso di un giurista, che teorizzi l'inopportunità di riconoscere alle coppie omosessuali il diritto di adottare figli, oppure ancora, il caso di uno psicologo che si ostini a sostenere che un bambino, per crescere bene, ha bisogno di un padre e di una madre, ovvero il caso di un candidato al sacerdozio a cui venisse negato l'ingresso in seminario, a motivo della sua omosessualità, così come il caso di una scuola cattolica che rifiuti di assumere un insegnante perché sostenitore di una visione della sessualità e della famiglia in contrasto con le finalità educative della scuola stessa».

È per questo che lo stesso on. Gigli afferma di voler sfidare la buona fede dei proponenti, chiedendo di introdurre «una clausola di salvaguardia, che aiuti a interpretare l'autentico significato che il legislatore ha inteso dare alla nuova legge». Si tratterebbe, a detta dello stesso deputato, «di ridurre il rischio che l'applicazione giurisprudenziale possa interpretare ed estendere in modo creativo l'orizzonte di questa legge, applicazione giurisprudenziale favorita proprio dal tipo di provvedimento, i cui confini indistinti lasciano ampi margini all'interpretazione dei pubblici ministeri».

FRANCESCA BUSINAROLO
Prende la parola l'on. Francesca Businarolo (M5S), la quale premette all'intervento la spiegazione del motivo per cui i deputati del Movimento 5 Stelle indossino una triangolo rosa sul petto: «Vuole ricordare il marchio di stoffa che veniva attribuito agli omosessuali che venivano internati nei lager nazisti», in onore degli omosessuali italiani «relegati nel lager del silenzio e della mancanza di un diritto umano universale».

Accusa, poi, l'attuale maggioranza politica di aver «prodotto un testo anomalo e ridotto ad un mero accordo al ribasso tra due forze politiche che stanno dimostrando grande superficialità in tema di diritti umani», lamentando, soprattutto, l'eliminazione delle nozioni di «orientamento sessuale» e di «identità di genere» e «dell'opzione lungimirante (sic!) che avrebbe consentito di rieducare i condannati presso associazioni legate al mondo LGBT».

BARBARA POLLASTRINI
Segue l'intervento dell'on. Barbara Pollastrini (PD) la quale conferma come «il gruppo del Partito Democratico sia impegnato con piena convinzione nel tagliare il traguardo di questa proposta di legge, una proposta di legge saggia ed equilibrata», dopo «venti anni di rinvii, rimozioni e bocciature, che, in sintesi, hanno aiutato un relativismo indifferente in un periodo in cui il nostro Paese, anche nel tempo più recente, è segnato da un'anestesia delle coscienze nei rispetti di questo e di altri diritti umani». Ricorda, poi, come la «genesi della nostra Carta sia legata alla tragedia della guerra e coeva a quell'olocausto che vide ebrei, zingari e omosessuali».

Sulle intenzioni di modificare il testo, l'on. Pollastrini ha il pregio della chiarezza e dell'onestà intellettuale: «Noi, come gruppo del Partito Democratico, avremmo voluto obiettivi più avanzati, anche con il riconoscimento dell'identità di genere e il riferimento più netto ad un'aggravante specifica, ma siamo qui con la volontà di compiere un primo atto significativo con questo testo unificato. Il dibattito dirà se vi sono le condizioni, come noi, peraltro, gradiremmo, per migliorare e rafforzare questo testo, ma dobbiamo raggiungere il traguardo». Vedremo cosa riserverà il futuro.

Non poteva, infine, mancare il riferimento al Pontefice: «Qui semmai si tratta di aggiungere un dovere, un dovere di civismo, di tolleranza, di comunità; "Chi sono io per giudicare?" ha detto pochi giorni fa un Papa straordinario».

ILEANA CATHIA PIAZZONI

Prende successivamente la parola l'on. Ileana Cathia Piazzoni (M5S), la quale non fa alcuno sconto agli oppositori alla legge: «Allora, la mia opinione è che le obiezioni che si sollevano all'introduzione del reato di omofobia e transfobia, si basino banalmente sull'omofobia e la transfobia», si basino, cioè, «sull'idea che le persone lesbiche, gay, bisessuali, transessuali, queer e intersessuali non abbiano il diritto di essere quel che sono e quindi sia legittimo per chiunque affermare la non ammissibilità del loro essere e dei loro diritti». Compreso il diritto al matrimonio e all'adozione di minori, ci pare di capire.

Sempre nei confronti degli oppositori, la deputata grillina diventa *tranchant*: «Presidente, nonostante si viva in questo tempo oscuro, una sorta di medioevo per il nostro Paese, io sono certa che un giorno non molto lontano le opinioni qui espresse contro questa proposta di legge verranno considerate alla stregua delle affermazioni degli schiavisti, dei sostenitori dell'apartheid o di chi pensava che concedere il diritto di voto alle donne fosse una aberrazione».

Per la Piazzoni, inoltre, «dietro alla contrarietà a questa proposta di legge, non ci sono i timori di tenaci libertari» ma solo «la convinzione che discriminare le persone omosessuali e transgender sia una cosa non solo giusta, ma giustificata da un approccio etico e morale sul tema dei diritti della persona e della sua libertà di espressione e di realizzazione individuale». E a comprova dell'assunto cita l'articolo di Tommaso Scandroglio sulla Nuova Bussola Quotidiana, definito «sito web legato ai più retrivi ambienti cattolici», intitolato *"Discriminazione dei gay? A volte si deve"*.

Si scaglia, poi, contro l'idea di definire l'omosessualità come condizione non naturale: «È chiara, quindi, la volontà di camuffare, dietro lo schermo apparentemente neutro e politicamente corretto delle argomentazioni giuridiche, un giudizio negativo sull'omosessualità e transessualità, che è di matrice etica e morale, dunque non neutrale e non laico, certamente estraneo al campo di chi sostiene a spada tratta la libertà personale». È chiarissima, poi, su matrimonio e adozione: «L'Italia brilla per arretratezza e per indifferenza. Altrove, le persone dello stesso sesso possono formare nuclei familiari riconosciuti e tutelati dalla legge, le adozioni sono valutate in funzione del bene dell'infanzia, e non di un pregiudizio ideologico».

RAFFAELE CALABRÒ

Prende la parola l'on. Raffaele Calabrò (PdL), ricordando come «da sempre la convocazione delle Camere nel mese di agosto sia stata associata alla necessità di approvare provvedimenti di natura economica o comunque per licenziare decreti-legge in scadenza», e come, invece, tale eccezione sia stata riservata per «discutere della proposta di legge per il contrasto dell'omofobia e della transfobia, un provvedimento che ha subito un'accelerazione agli occhi di molti ingiustificata e in un certo qual senso sospetta».

Evidenzia, inoltre, come molti nell'Aula siano stati pronti «ad additare come integralisti cattolici, bigotti al servizio della Chiesa, coloro che hanno invitato ad una moratoria, alla riflessione su un tema, quale la tutela dei diritti degli omosessuali, che senz'altro va affrontato, ma con approfondito dibattito, con calma e buonsenso».

Lo stesso Calabrò tiene a precisare che sul provvedimento in discussione «non è in atto una guerra tra guelfi e ghibellini, tra cattolici e laici, essendo tanti, infatti, i liberali *d'antan* che nutrono dubbi e perplessità sulla rapidità dell'iter e sulla necessità della legge». Cita, a questo punto, tra gli altri, anche l'editoriale di Piero Ostellino, sul Corriere della Sera, e l'articolo di Franca

Sozzani, direttore di "Vogue Italia", denunciando i rischi di «sudditanza culturale verso il *politically correct* professato da una parte del Paese che non rappresenta la maggioranza del Paese», e invocando il sacrosanto diritto alla libertà di opinione sancito dall'art. 21 della Costituzione.

MARCO RONDINI

Interviene l'on. Marco Rondini (Lega Nord) il quale esordisce ribadendo l'assoluta contrarietà del gruppo leghista al provvedimento in discussione, «perché stabilisce che la legge non è uguale per tutti, in quanto un'aggressione fisica ai danni di un omosessuale è più grave di un'aggressione ad un uomo o una donna che omosessuale non è», e perché se si «va a sanzionare chi ha il solo torto di pensare e parlare male secondo la vulgata del politicamente corretto, che è, poi, la tomba del buonsenso, secondo noi, si disarticolano le comunità».

Precisa Rondini che «non è certo con una legge che si vincono i pregiudizi, semmai, la battaglia andrebbe combattuta sul piano culturale, ma evitando di punire chi, a torto o a ragione, ad esempio, ritiene che la famiglia naturale vada avvantaggiata e, quindi, privilegiata, rispetto ad altri tipi di unione». E sul punto appare chiarissimo: «Domani, chi, intervenendo in pubblico esprimesse una preferenza per la famiglia naturale potrebbe vedersi contestata l'istigazione o la discriminazione dalle varie associazioni dell'antirazzismo, quell'antirazzismo in servizio permanente effettivo, che tanti danni hanno causato all'integrazione e alla lotta contro le discriminazioni, a causa del giacobinismo che, spesso, ne informa l'agire. Il relativismo imperante che informa il legislatore del mondo occidentale è per noi una malattia, una grave malattia, che mina la stabilità delle nostre comunità, e questa malattia induce cattivi legislatori a colpire la libertà di pensiero».

TANCREDI TURCO

Prende la parola l'on. Tancredi Turco (M5S) per ribadire che si tratta di «una legge assolutamente necessaria che deve finalmente porre un freno a quegli episodi di discriminazione e di odio insensato contro alcuni cittadini che, purtroppo, troppo spesso viviamo, leggiamo giornalmente nelle pagine di cronaca dei giornali e sentiamo nei telegiornali privo di tutele specifiche».

Il testo in discussione, però, secondo Turco, è «il frutto di un accordo tra PD e PdL che ha puntato al ribasso». Il deputato, nel denunciare la "tiepidezza" del testo rispetto ai diritti LGBT, pone un interessante problema, definito «enorme», relativo alla «determinatezza della norma», non risultando chiara «quale forma di omofobia si voglia punire: l'omofobia psico-patologica, quella interiorizzata, quella istituzionale, o quella detta discriminatoria». Secondo Turco, infatti, «i termini omofobia e transfobia risultano di difficile interpretazione perché non sono definiti in nessuna sentenza ed in nessuna legge del nostro ordinamento giuridico e obbligano, così, il giudice ad interpretazioni che potrebbero compromettere la portata dell'estensione della legge», ciò in quanto «non esiste un atto normativo vigente che faccia espresso riferimento a questi due concetti». Da qui la necessità di ripristinare i concetti di identità di genere e orientamento sessuale o, in subordine, di definire il concetto di omofobia e transfobia.

ALFREDO BAZOLI
Interviene successivamente l'on. Alfredo Bazoli (PD), per affermare che «l'approccio spesso un po' pregiudiziale ed in qualche misura ideologico al tema non ha di certo aiutato ad affrontare nel modo corretto, a mio avviso, le questioni delle quali si deve occupare l'Aula».

BENEDETTO FRANCESCO FUCCI
Prende, poi, la parola l'on. Benedetto Francesco Fucci (PdL) esprimendo le sue «forti riserve sulla presente proposta di legge», la quale «rischia di far sì che un principio di per sé giusto, ovvero l'affermazione del rispetto per gli altri, apra la porta a una giurisprudenza che potrebbe sanzionare anche associazioni, organizzazioni, movimenti o gruppi che si battono, ovviamente con strumenti leciti e senza alcun genere di violenza, in difesa della famiglia naturale o contro l'introduzione di leggi sui matrimoni tra omosessuali».

Per questo il deputato dichiara di rimanere «fermo nell'idea che sarebbe stato assai più consono sostenere – dovendo legiferare in materia attraverso la previsione dell'omofobia quale aggravante collegata ai reati contro la persona, ma – e qui sta il punto dirimente – alla pari di qualsiasi altra forma di discriminazione». Questo per evitare il rischio dell'introduzione di un reato di opinione.

GIULIA DI VITA
Prende la parola l'on. Giulia Di Vita (M5S) per ribadire le posizione del Movimento 5 Stelle, e denunciare il «teatrino» del Partito Democratico.

MARIO SBERNA
Interviene, poi, l'on. Mario Sberna (Scelta Civica), esternando la propria perplessità sull'opportunità della discussione, considerando che «fuori dai cancelli delle aziende in cassa integrazione si parla d'altro, così come al mercato della frutta o in coda per l'ISEE», e che «la povertà in cui stiamo inesorabilmente scivolando, mentre peraltro i ricchi sono sempre più ricchi, sia considerata dai più la priorità». Al deputato non pare davvero che gli omosessuali italiani si sentano discriminati, mentre lo stesso nota una cosa diversa: «Se un maschio e una femmina si baciano in un luogo pubblico, vengono redarguiti dai vigili e nessuno ne parla più. Se, invece, il vigile urbano redarguisce una coppia omosessuale per lo stesso motivo, quella sera stessa in piazza vi sarà una manifestazione, una richiesta di sospensione dal servizio per il vigile e un'interrogazione parlamentare al Presidente del Consiglio».

Anche per quanto riguarda le asserite discriminazioni sul lavoro, l'on. Mario Sberna ha una sua idea personale: «La carriera nelle aziende in cui si sono conosciuti i miei amici gay e lesbo non ha trovato ostacoli. Al contrario, diverse donne con contratto a tempo determinato e promessa di un full-time sono state gentilmente accompagnate alla porta appena hanno comunicato al loro datore di lavoro di aspettare un bambino».

Lancia, poi, un allarme: «Ma in questo Parlamento nessuno si è accorto che nel 2008 i bambini sotto la soglia di povertà in Italia erano il 10 per cento e oggi sono il 30 per cento, collocando il nostro Paese al penultimo posto tra i Paesi cosiddetti sviluppati? In soli cinque anni siamo riusciti ad impoverire un terzo dei nostri figli: ma, secondo voi, e lo chiedo a tutti, e in particolare alla Presidenza, quale deve essere la priorità assoluta dell'agenda di questo Parlamento?». La domanda, peraltro, non pare davvero peregrina.

RAFFAELLO VIGNALI
Interviene l'on. Raffaello Vignali (PdL) che esordisce richiamando il più volte citato editoriale di Piero Ostellino pubblicato dal Corriere della Sera e ricordando come, peraltro, il nostro codice penale già preveda già l'aggravante per motivi futili o abbietti e che «l'omofobia rientra sicuramente tra i motivi abbietti».

Esprime, poi, una preoccupazione: «Chi ci garantisce che i giudici non interpreteranno in modo creativo questa norma?», e, tanto per dare un esempio, invita «a guardare in Internet, facendo una ricerca con Google» per vedere come «chi nella scorsa legislatura aveva manifestato una posizione contraria alla legge sull'omofobia è stato bollato come omofobo». Precisa, per l'esattezza, che il suo stesso nome è stato taggato con l'immagine sull'omofobia. «E se questo domani fosse considerato da un magistrato notizia di reato?», si chiede, non del tutto infondatamente, l'on. Raffaello Vignali.

GIUSEPPE CIVATI.
Prende la parola l'on. Giuseppe Civati (PD), che dopo aver bollato come «citazioni a sproposito» i dubbi sulla natura liberticida della legge in discussione, afferma con nettezza la necessità di non avere paura: «Ecco, in questi anni forse c'è stata una fobia per l'omofobia, c'è stata in quest'Aula, c'è stata nel dibattito politico, c'è stata una paura, un nervosismo e un fastidio verso questo argomento, che forse la dice lunga, non tanto sulla pericolosità di questa legge verso le differenti opinioni – perché questa mi sembra assolutamente destituita di ogni fondamento –, ma sul fatto che questo Paese deve affrontare con maggiore schiettezza e serenità argomenti come il presente». Invidiabili le certezze di Civati.

MILENA SANTERINI
Interviene l'on. Milena Santerini (Scelta Civica), la quale tenta di alzare il livello del dibattito pensando di «inserire la riflessione in un contesto storico più ampio, quello del percorso dei diritti umani che attraversa l'epoca moderna, trova le radici nella Dichiarazione di indipendenza del 1776, quella del 1789 e, infine, nel 1948». Aggiunge, poi, una digressione sulle «neuroscienze», che «con la scoperta dei neuroni specchio ci hanno spiegato questa nostra naturale empatia, queste risonanze emotive che sentiamo quando percepiamo il disagio degli altri». Tutto ciò perché, secondo la deputata, «la storia dei diritti umani è, quindi, la storia di come nel tempo si tenti di liberare la naturale empatia umana dalle incrostazioni di odio e di vendetta» Così l'on. Santerini riconduce il ragionamento al tema in discussione: «C'è chi teme con qualche ragione che questo sovrapporsi di richieste di diritti sia una sorta di piano inclinato che conduce la società ad una sempre maggiore richiesta di diritti individuali di gruppo». E precisa: «Al di là di questo legittimo timore, vorrei invitare a riflettere su come siano l'alterità e le differenze che hanno portato a creare disuguaglianze sociali: il colore della pelle, il sesso, le caratteristiche fisiche, la diversità di lingua o di cultura hanno rappresentato il motivo per mettere in gerarchie le persone, i gruppi e i popoli, ma differenze e disuguaglianze sono due concetti diversi».

ALESSANDRO PAGANO.
Prende la parola l'on. Alessandro Pagano (PdL) esortando chi ha fortemente insistito per l'approvazione della legge a «spiegare perché la discussione avvenga con modalità eccezionali ed inedite, in ora notturna e in margine ai lavori».

Quindi, per l'on. Pagano, delle due l'una: o il provvedimento non è più importante, oppure continua ad esserlo, ma lo si vuol far passare senza un effettivo approfondimento. Discuterlo in quelle condizioni, secondo Pagano significa «disprezzo per la dialettica democratica; timore che le ragioni espresse da chi si oppone a tale legge vengano ascoltate da qualcuno in più rispetto ai pochi intimi presenti; intenzione di arrivare al risultato a prescindere, perché così impone l'ideologia del culturalmente corretto e dei più forti; volontà di ignorare i rilievi non già confessionali verso questa legge, bensì di difesa della libertà di espressione, di insegnamento e di ricerca scientifica».

Per Pagano, «l'aver limitato a pochi minuti l'intervento in Aula di ciascun oratore – come questo di fatto è avvenuto con il timing che è stato stabilito –, non è che l'ulteriore tentativo di censura: meno si parla di questa legge, infatti, tanto più velocemente si riuscirà ad approvarla, anche se si tratta di una legge bavaglio, che limiterà fortemente la libertà di opinione e di espressione». «Su questo, con tutti i mezzi democratici che ci sono dati, proseguiremo la battaglia» è la sfida pubblicamente lanciata dall'on. Alessandro Pagano. Conoscendo l'uomo, non dubitiamo che la manterrà.

FABRIZIA GIULIANI
Prende la parola l'on. Fabrizia Giuliani (PD), per lanciare «un appello a tutte le forze politiche a fare un passo avanti, nel segno del coraggio e del confronto: perché ne va della forza della politica, ne va del nostro stare insieme».

CHIARA SCUVERA
Interviene l'on. Chiara Scuvera (PD), la quale precisa che «sebbene mutilato» il testo in discussione, e lo stesso passaggio parlamentare rappresentano «una svolta epocale per l'affermazione dei diritti civili nel nostro Paese».

Per la Scuvera «con questa legge l'Italia sarà più europea, si allineerà ad altri grandi Paesi che hanno affrontato il fenomeno disegnando un ambito legislativo specifico, con questa legge l'Italia dà voce a quei ragazzi e a quelle ragazze che subiscono oggi gravi disagi esistenziali e discriminazioni per il proprio orientamento sessuale». Il punto, per la deputata, è che «dobbiamo dimostrare di essere un grande Paese, in linea e all'altezza della grande storia illuminista e dell'Europa».

MICHELA MARZANO.
Prende la parola l'on. Michela Marzano (PD), lanciando una domanda provocatoria: «Come si può anche solo osare pensare che in Italia la situazione non sia drammatica, per quanto ri-

guarda la protezione delle persone omosessuali, transessuali, bisessuali, come ci è stato suggerito dall'onorevole Roccella e ancora dall'onorevole Gigli?». Precisa, poi, che «confondere orientamento sessuale e identità di genere come una qualunque patologia, come per esempio l'obesità, e non perché l'obesità sia una patologia qualunque, ma perché naturalmente non si possono confondere orientamento sessuale, identità di genere con una patologia se non ricadendo nelle ennesime confusioni che per secoli hanno bloccato i dibattiti, creato discriminazioni e incitato all'odio».

Ne ha anche per il povero Piero Ostellino: «Come si fa anche solo a pensare che una legge di questo tipo possa essere sbagliata, come si è letto alcuni giorni fa in un articolo, citato più volte questa sera in Aula, sul Corriere della sera, dove si è invocata in modo surreale la possibilità che una legge contro l'omofobia possa creare nuove forme di discriminazione, con la scusa che l'allargamento della legge Mancino agli atti di omofobia e di transfobia possa mettere a repentaglio la libertà di opinione di alcuni?». Dopo la retorica, il giudizio lapidario: «Chi si oppone a questa legge in fondo vuole che in Italia non cambi mai niente». Gli ignobili oppositori, infatti, per la deputata, «hanno talmente tanta paura che questa legge possa poi aprire la porta ad un dibattito serio sulle unioni civili e sul matrimonio gay, che preferiscono non fare nulla per proteggere chi avrebbe come sola colpa quella di non essere eterosessuale». Si concede, poi, ad una lezione di cristianesimo democratico: «E allora pretendono che, con questa legge, nessuno potrebbe più esprimere opinioni contrarie ai matrimoni gay senza essere punito, che nessuno potrebbe più proclamare ad alta voce ciò che insegnerebbe il Vangelo dimenticandosi forse che il messaggio del Vangelo è – prima di tutto – un messaggio d'amore, un messaggio inclusivo e rispettoso di ogni diversità e differenza, fino a pretendere che una legge contro l'omofobia, introducendo nuove forme di discriminazione, violerebbe il principio di uguaglianza sancito dalla nostra Costituzione».

Per meglio esprimere la differenza tra insulto ed opinione, diventa colorita: «Mi si permetta di utilizzare un'espressione volgare che è un insulto e che non dovrei utilizzare in quest'Aula, ma quando qualcuno dice: "frocio di merda" non sta esprimendo un'opinione». Secondo l'on. Marzano, il punto è che «a forza di incaponirsi a difendere posizioni ideologiche, sono in tanti a far finta di non capire che l'uguaglianza non implica l'identità e che, anzi, la vera uguaglianza la si raggiunge solo quando si rispettano e si proteggono tutte le differenze».

Un quarto d'ora prima di mezzanotte la seduta è dichiarata chiusa. Se ne riparlerà a settembre.

Il 9 agosto 2013 ventisei deputati di Pd e Scelta civica scrivono una lettera al direttore del quotidiano "Avvenire", sotto il titolo *Omofobia, il lavoro fatto e ciò che resta da fare*:

> Caro direttore,
> abbiamo seguito con interesse il dibattito ospitato dal suo giornale in merito alla proposta di legge contro l'omofobia giunta in Parlamento in questi giorni. Molti osservatori, tra cui lo stesso Avvenire, hanno avanzato dubbi sui motivi di urgenza del provvedimento, e tutti abbiamo valutato inopportuna la collocazione del dibattito, su un tema così sensibile, a tarda ora.
>
> Vorremmo qui sottolineare qualche aspetto che a nostro avviso non è stato sufficientemente messo in evidenza dai media, e che invece ci pare rappresenti un motivo di soddisfazione per chi abbia a cuore una presenza efficace dei cattolici dentro le istituzioni. Grazie a un lavoro costante e fattivo, necessariamente lontano dai riflettori per non pregiudicarne l'efficacia, cui si è dedicato un ampio fronte cattolico in diversi schieramenti presente in Parlamento, la proposta di legge che è giunta in aula è molto diversa da quella che era stata inizialmente presentata.
>
> Sono infatti cadute molte definizioni che rendevano inaccettabile il testo, non solo, ma grazie a questo lavoro fatto di dialogo attento e operoso, i relatori – cui va riconosciuta una notevole disponibilità – stanno lavorando su ulteriori emendamenti che, se accolti in aula, consentiranno la netta distinzione tra il reato di omofobia e la libera espressione di opinioni, evitando così proprio quei rischi inerenti i reati di opinione giustamente paventati da molti. Condi-

zione essenziale per poter esprimere una valutazione positiva sulla versione definitiva del testo.
Ci sono dunque tutte le premesse affinché la legge che scaturirà dalle votazioni, su cui continueremo a lavorare nella libertà e nella responsabilità con cui ciascuno di noi esercita il suo mandato, riesca a dare una adeguata risposta alle giuste esigenze di tutela rafforzata dei soggetti discriminati, senza ledere, in nessun modo, il libero dibattito delle idee, né forzare in nessuna direzione le opzioni legislative su temi eticamente sensibili.
Ci pare un risultato non trascurabile e non scontato, che segnala come la presenza cattolica in tutti i partiti che oggi fanno parte della maggioranza sia in grado di contribuire fattivamente a ricercare soluzioni legislative equilibrate e rispettose di tutte le diverse sensibilità presenti nel Paese, e come ciò sia apprezzato anche da persone con differenti posizioni culturali.
Alfredo Bazoli, Marina Berlinghieri, Renato Balduzzi, Rosy Bindi, Paola Binetti, Luigi Bobba, Rocco Buttiglione, Andrea Causin, Paolo Cova, Beppe Fioroni, Francesco Saverio Garofani, Gian Luigi Gigli, Federico Ginato, Gregorio Gitti, Lorenzo Guerini, Mario Marazziti, Flavia Nardelli, Edoardo Patriarca, Ernesto Preziosi, Matteo Richetti, Milena Santerini, Mario Sberna, Angelo Senaldi, Gea Schirò, Mino Taricco, Giorgio Zanin

Viene anche pubblicata la risposta del direttore Marco Tarquinio:

Sono tra quanti considerano con molta attenzione e molto rispetto il lavoro svolto in Commissione e in Aula alla Camera da un motivato gruppo di parlamentari di cui voi, cari deputati, siete parte importante per emendare e “migliorare” un testo di legge, quello sull’«omofobia», che purtroppo propone molte più ombre che luci e ancora minaccia di intaccare gravemente la stessa libertà di parola e di opinione in tema di omosessualità. Le vostre ventisei autorevoli firme di esponenti del Partito democratico e di Scelta civica confermano un più vasto e significativo impegno per scongiurare quell'esito nefasto, che diversi altri – nei vostri stessi partiti e nel PdL, forze di maggioranza, come anche nei gruppi di opposizione di M5S e Sel – si ostinano invece a sottovalutare. Apprezzo da sempre le battaglie politiche e culturali condotte con le armi del dialogo e della chiarezza, ma apprezzo persino di più – da cittadino, da cronista e da cristiano – ogni limpida indisponibilità a condividere e introdurre nel nostro ordinamento norme programmaticamente ambigue e liberticide. Sono perciò lieto di registrare questa vostra duplice determinazione.

Il contenuto della lettera dei ventisei deputati desta nei Giuristi per la Vita una qualche perplessità, al punto da indurre il Presidente a rivolgersi allo stesso direttore Tarquinio. Il 21 agosto 2013, in effetti, "Avvenire" pubblica la lettera firmata da Gianfranco Amato a nome del sodalizio che rappresenta, sotto il titolo *Legge omofobia*,

Gentile direttore,
i 26 parlamentari che si sono rivolti ad "Avvenire" per illustrare l'asserito lavoro di miglioramento del disegno di legge Scalfarotto, premettono le proprie credenziali di "cattolicità", ma dovrebbero essere i contenuti a giustificare la qualificazione e non viceversa. E io trovo sconcertante la inconsapevolezza che essi manifestano rispetto alla materia di cui si stanno occupando. Vantano, infatti, di avere suggerito correttivi capaci di comporre esigenze diverse, come se si trattasse di una delle tante materie suscettibili di un qualunque compromesso politico, più o meno innocuo. Qui si tratta di una legge penale, la norma in cui si esprimono in massima misura le esigenze di tutela di tutta la società da un lato, il potere punitivo dello Stato e la correlativa necessaria garanzia della libertà individuale dall'altro.
Come è noto, la legge penale individua, infatti, i valori fondamentali e irrinunciabili di una collettività, e li protegge da comportamenti lesivi che possano compromet-

terne la stabilità. Essi sono la vita, l'onore, la libertà individuale nei limiti consentiti dall'ordinamento, la proprietà, l'incolumità personale, il corretto funzionamento delle istituzioni ecc. L'interesse in gioco è un interesse pubblico, perciò collettivo e riconosciuto come tale. Questo ddl non ha alcun fondamento giuridico, perché si basa sul presupposto – inesistente – di una presunta situazione di minorata difesa dei soggetti omosessuali che, come qualunque altro soggetto, ovviamente godono, in quanto cittadini, della tutela penale generale. Al di là della tutela generale, il sistema penale ne accorda una "privilegiata" solo in ragione o di particolari valori prevalenti (come ad esempio nel caso delle offese al Capo dello Stato) o in ragione della particolare situazione di debolezza dell'offeso dal reato (come nel caso del minore o dell'incapace per motivi fisici o psichici).
È anche imprescindibile ribadire la assoluta illegittimità del ddl dal punto di vista sia dei princìpi costituzionali, sia di quelli che regolano la concreta applicazione della legge penale, per prevenirne l'uso arbitrario. Con le norme proposte, infatti, non solo viene violato gravemente il diritto alla libera manifestazione del pensiero, sancito dall'art. 21 della Costituzione, ma vengono altresì introdotte fattispecie di reato tanto indeterminate e indeterminabili (si parla di violenza, discriminazione, senza alcun elemento descrittivo imprescindibile per un diritto penale che non sia strumento di cieco totalitarismo politico) da esporre il cittadino all'arbitrio della legge e quindi del giudice. Sarebbe anche indispensabile per il bene di tutti che si considerasse finalmente con lucidità che il falso problema di una surreale quanto truffaldina "omofobia" in Italia, è il cavallo di Troia nell'offensiva per impossessarsi delle prerogative della famiglia naturale, l'unica capace di tenere in piedi una società.

Anche in questo caso non manca la pubblicazione della replica del direttore:

Condivido la sostanza delle sue osservazioni, gentile avvocato Amato. Non la disapprovazione del lavoro, niente affatto concluso, dei parlamentari di diversi partiti che – come i 26 della famosa lettera a me indirizzata che si può consultare qui – si sono impegnati a correggere quel testo di legge. Ma questo, da lettore attento, lo sa già. Il ddl sull'omofobia costruito dai relatori Scalfarotto (Pd) e Leone (PdL) non mi convince e abbiamo spiegato più volte perché un simile progetto minacci di generare più problemi di quanti si proponga di risolvere. La questione della libertà di parola e di opinione è però, a mio avviso, assolutamente decisiva. È la cartina al tornasole delle vere intenzioni dei politici e delle lobby che vogliono imporre questa normativa penale.

Lo stesso giorno della pubblicazione della lettera di "Avvenire" – 21 agosto – accade un fatto alquanto sintomatico al *Meeting per l'amicizia fra i popoli*, la nota *kermesse* organizzata dal movimento ecclesiale cattolico di Comunione e Liberazione, che dal 1980 si svolge tutti gli anni a Rimini.

La rivista "Tempi", vicina a C.L., era presente con un proprio stand presso il padiglione A3 della Fiera. Come già evidenziato "Tempi" aveva da subito aderito all'iniziativa della petizione lanciata dai Giuristi per la Vita contro la legge sull'omofobia, avendo pure partecipato alla conferenza stampa tenuta il 24 luglio all'Hotel Nazionale di Piazza Montecitorio.

I responsabili della rivista avevano quindi deciso di approfittare della presenza all'interno del Meeting per continuare nell'opera meritoria di raccolta delle sottoscrizioni dell'appello. Una continuazione ideale del "gesto sconsiderato" del coraggioso Cappellano dell'Ospedale di Cona, don Stefano Piccinelli.

Ma, poiché l'intolleranza della potente lobby omosessualista non perdona, e riesce a scovare omofobi dappertutto, l'iniziativa di "Tempi" viene immediatamente intercettata.

Il primo a tuonare, come al solito, è l'ineffabile Presidente dell'Arcigay Flavio Romani con un comunicato di fuoco diramato, appunto, il 21 agosto, in cui i ciellini vengono definiti «disonesti», «seminatori di odio», «lupi travestiti da agnelli»:

«La raccolta firme attiva all'interno del meeting di Rimini per opporsi alla legge contro l'omotransfobia è un segnale allarmante che testimonia la campagna di mistificazione che Comunione e Liberazione sta facendo su questa legge»: così Flavio Romani, presidente di Arcigay, commenta la notizia della mobilitazione in corso per affossare la legge contro l'omotransfobia. «Quello che i ciellini non dicono è che la legge Reale Mancino è una legge contro la violenza innanzitutto, fenomeno incompatibile con qualsiasi fede, come ha sottolineato perfino il pontefice nei giorni scorsi. I cattolici quindi dovrebbero essere in prima linea con noi in questa battaglia». «Invece – prosegue Romani – a Rimini si coltiva l'odio, si getta benzina sul fuoco e si lavora per mantenere viva quella cultura della discriminazione che quotidianamente sfocia in violenza. Ma la bugia imperdonabile dei ciellini è quella della difesa della libertà di opinione, già contemplata nell'emendamento che proprio i parlamentari cattolici hanno depositato: perché allora Comunione e Liberazione, anzichè mobilitarsi a favore di quell'emendamento, raccoglie firme contro la legge nel suo complesso, avvallando il clima d'odio che imperversa in questo Paese?». «Comunione e Liberazione si muove come una lobby torbida e disonesta – conclude Romani – questa raccolta firme non fa che rendere evidente la ferocia di questi lupi travestiti da agnelli.

E così si scopre che è semplicemente «disonesto» raccogliere pubblicamente firme per opporsi ad una proposta di legge parlamentare. *Vive la tolérance!*

A Romani fa eco un altro sempreverde del mondo gay, Franco Grillini, Presidente di *Gaynet Italia*. Lui è persino più *tranchant* e in una nota parla di «Clericofascismo CL»:

La raccolta di firme contro il disegno di legge contro l'omofobia al Meeting di Cl non ci sorprende perché da sempre il clericofascimo si abbatte senza pietà sulle persone omosessuali e i loro diritti. Ancora una volta quindi ci meravigliamo che il raduno dei fanatici abbia la sponsorizzazione di alcune amministrazioni di centrosinistra (in Regione avevo presentato una interrogazione sul tema) e della Legacoop a cui chiediamo di interrompere il finanziamento alla kermesse clericale.

Certamente non a causa delle improbabili minacce paventate sull'interruzione del finanziamento Legacoop, ma piuttosto per ribadire i giusti ruoli, viene immediatamente diramato, da parte degli organizzatori del Meeting, un comunicato stampa di precisazione, lo stesso giorno 21 agosto 2013:

> L'unica raccolta di firme che il Meeting di Rimini sta facendo è quella contro la persecuzione dei cristiani nel mondo.
> La raccolta di firme contro la legge sull'omofobia è una iniziativa del settimanale "Tempi". Che il Meeting non abbia paura dell'altro e della diversità, qualunque essa sia, lo documentano le decine di migliaia di persone che affollano in questi giorni la fiera di Rimini, visitatori, relatori o ospiti, che vivono il Meeting come se fosse casa propria. In un clima di rispetto reale per ciascuno e non di una generica e astratta tolleranza che lascia indifferenti verso la vita di chi si incontra. Quanto al merito della vicenda possiamo solo auspicare che le sedi parlamentari affrontino la vicenda secondo quello spirito di responsabilità auspicato dal Presidente Napolitano che ha invitato a «parlare il linguaggio della verità» nell'interesse di tutti e di ciascuno.

Pur comprendendo l'esigenza di difendere l'immagine di un avvenimento come il *Meeting*, ingiustamente infangato da interessate strumentalizzazioni, certo resta un senso di amarezza per quella che è stata letta dai più come una presa di distanza, soprattutto se si considera che il titolo dell'edizione 2013 del Meeting era "*Emergenza Uomo*", un titolo che – a detta degli stessi organizzatori – considerava «l'uomo nel suo bisogno di esistere come realtà unica ed irripetibile, l'uomo nella irriducibilità del suo desiderio, l'uomo che sente che ciò da cui è definito e caratterizzato è la libertà».

Settembre

Il 17 settembre 2013 alla Camera dei Deputati viene scritta una pagina nera nella storia della cultura giuridica del nostro Paese. Dopo il furtivo dibattito in seduta notturna del 5 agosto 2013, infatti, al rientro della pausa estiva, riprende in Aula la discussione sul disegno di legge Scalfarotto in tema di contrasto all'omofobia.

Si inizia procedendo alla votazione delle tre questioni pregiudiziali di costituzionalità presentate rispettivamente dall'on. Giancarlo Giorgetti della Lega Nord ed altri (pregiudiziale n. 1), dall'on. Giorgia Meloni e Cirielli dei Fratelli d'Italia (pregiudiziale n. 2) e dall'onorevole Pagano del PdL ed altri (pregiudiziale n. 3).

Tocca al deputato leghista on. Marco Rondin presentare la questione pregiudiziale di incostituzionalità n. 1:

> Dovrebbero bastare poche considerazioni di buon senso per archiviare un provvedimento che, nella sua applicazione, andrà a sanzionare anche un reato di opinione, violando il rispetto del principio di libertà di espressione garantito dalla nostra Costituzione. Che il rischio sia reale ce lo ricorda anche un passaggio del parere della I Commissione (Affari costituzionali) che evidenziava la necessità di assicurare il rispetto del principio di libertà di espressione, evitando il rischio in particolare di scivolare sul delicato territorio dei reati di opinione e di introdurre nell'ordinamento illegittime violazioni delle libertà di manifestazione del pensiero, anche perché potrebbe risultare alquanto difficoltoso sul piano probatorio ricostruire i motivi che hanno determinato l'agire. Così la Commissione affari costituzionali.
>
> Inoltre, come abbiamo evidenziato poi nel nostro atto, la disposizione dell'articolo 1 contenuta nel testo in esame viola il principio di uguaglianza sancito dall'articolo 3 della Costituzione sotto il profilo della ragionevolezza della discriminazione. Appare evidente che aver legato l'atto di di-

scriminazione a motivi di omofobia e transfobia, così configurata, offre una protezione privilegiata alla persona offesa in ragione del proprio orientamento sessuale e in particolare discrimina fra chi subisce forme di atti o violenze perché vi è una tutela rafforzata del motivo sottostante l'azione.

Ancora, il testo di legge in esame andrebbe ad escludere, come esclude, la medesima tutela ai soggetti eterofobi, misogini o misantropi e, anche in questo caso, senza alcuna ragionevole giustificazione, anzi si andrebbe a configurare per legge una discriminazione nei confronti di coloro che sono eterofobi, misogini o misantropi perché non sono stati ricompresi nel testo.

Un altro rischio è ben sottolineato in un altro passaggio del parere della Commissione affari costituzionali, nel quale si rileva come gli elementi previsti dal testo, avendo per oggetto moventi interiori il cui accertamento obiettivo non è univoco, possono dar luogo alla presunzione di sussistenza ogni volta che la condotta illecita interessi soggetti di cui siano note l'omosessualità e la transessualità, introducendo così una vera e propria inversione dell'onere probatorio.

Accanto agli aspetti di incostituzionalità, che dovrebbero essere sufficienti per indurre i colleghi a votare a favore di questa nostra questione pregiudiziale nei confronti di questo provvedimento, vi sono poi altri aspetti, che dovrebbero spingerci comunque a tutelare l'istituto della famiglia e questo dovere ci impone, o dovrebbe imporci, di non procedere all'esame del testo, fermando la mano del legislatore, che, informata da quel relativismo politicamente corretto, vera malattia del mondo occidentale, con provvedimenti come questi, domani impedirà, a chi dovesse porsi a difesa della famiglia naturale, qualsiasi agibilità, perché si potrebbe configurare come atto discriminatorio nei confronti delle coppie omosessuali.

Con questi provvedimenti, si misconosce la specificità della famiglia e se ne preclude l'autentica valorizzazione nel contesto sociale e si apre la strada a decisioni politiche,

con le quali giuridicamente si equiparano forme di vita differenti come la relazione tra uomo e donna e quelle tra persone dello stesso sesso. Domani, chi dovesse dire – come ha fatto Papa Francesco – che, anzitutto, come Chiesa, offriamo una concezione della famiglia che è quella del libro della Genesi, dell'unità nella differenza tra uomo e donna e della sua fecondità, in questa realtà inoltre riconosciamo un bene per tutti: la prima società naturale come recepito anche nella Costituzione della Repubblica italiana.
Infine, vogliamo riaffermare che la famiglia così intesa rimane il primo e principale soggetto costruttore della società e di un'economia a misura d'uomo e – come tale – merita di essere fattivamente sostenuta.
Bene, chi pronunciasse queste parole – come dicevo ha fatto Papa Francesco – potrebbe trovare, grazie al vostro provvedimento, qualche zelante magistrato che, in virtù di quanto stabilite, potrebbe ravvisare una volontà di discriminazione nei confronti di chi è omosessuale, ad esempio.
Per concludere, chi avalla simili provvedimenti, lo fa solo perché è animato da motivi ideologici, privi di buonsenso, ed è appellandoci soprattutto al buonsenso, che oggettivamente non ravvisiamo nella mano del legislatore, che ha steso questo testo, che chiediamo comunque ai colleghi presenti in Aula di non permettere che l'esame di questo testo proceda.

Segue, poi, l'intervento dell'on. Edmondo Cirielli finalizzato a presentare la questione pregiudiziale n. 2

Signora Presidente, colleghi, innanzitutto intendevo protestare perché una legge così sostanzialmente importante, a prescindere da quello che si può pensare, che incide sulla libertà di opinione, inciderà sulla libertà religiosa, inciderà sull'ordine sociale, sullo stato e sul diritto di famiglia. Di fatto, il Parlamento è imbavagliato con i contingentamenti; un gruppo come il nostro, piccolo, con nove deputati,

può segnalare solo due emendamenti, neanche un emendamento a deputato, oltre al fatto che il tempo della pregiudiziale viene anche sottratto dai tempi di contingentamento. Io non credo che, non facendo parlare i deputati e i parlamentari, si faccia un buon servizio al Paese: si vogliono fare norme manifesto e si calpestano anche i più elementari principi del diritto.
Mi riferisco, innanzitutto, al rispetto della norma fondamentale della nostra Costituzione. I nostri padri fondatori, innanzitutto, ci hanno tenuto a specificare, tra i primi articoli, all'articolo 3, che tutti i cittadini sono uguali, a prescindere da ogni distinzione di sesso, razza, religione, condizioni personale e, invece, grazie alle *lobby* – noi non ce l'abbiamo con i singoli, ma ce l'abbiamo con le *lobby* – si vuole introdurre una tutela speciale per alcune persone, in virtù di una loro soggettiva condizione personale. E, peraltro, lo dico anche con molta franchezza, non è un momento dove c'è una recrudescenza criminale tale da giustificare anche questo intervento. Sia beninteso: chi vi parla, e lo dimostrerà anche con gli emendamenti, non è affatto contrario all'idea di punire severamente qualche mentecatto o qualche delinquente prepotente che usa violenza o istiga alla violenza verso persone semplicemente per il fatto di essere percepite nella sua mente stupida come diverse. Quindi, nel caso specifico riteniamo molto grave la violenza nei confronti degli omosessuali in quanto tali. Ma, riteniamo grave la violenza in quanto tale e da punire gravemente e ricordo che all'articolo 61 del codice penale le circostanze aggravanti già prevedono l'avere agito per motivi abietti e futili. Non si capisce, dunque, perché questa norma non venga applicata con la dovuta severità. Ma, aggiungo, il codice penale prevede anche l'opportunità di dare misure di sicurezza. Quindi, già oggi ci sarebbe l'opportunità di punire in maniera adeguata e dura coloro che agiscono e commettono violenza per motivi futili o abbietti.
Ma c'è di più. La norma che oggi discutiamo, che novella sia la «legge Reale» del 1975 sia la «legge Mancino» del

1993, che rappresentano l'ossatura di riferimento della legislazione italiana contro le discriminazioni, punisce ed estende anche alla condotta della istigazione e della commissione di atti di discriminazione nei confronti degli omosessuali. Voglio dire che, rispetto alla banalità della locuzione, ci si potrebbe chiedere chi è contro una norma che punisce chi commette atti di discriminazione nei confronti degli omosessuali. Sicuramente è una cosa sbagliata che va sanzionata, ma il punto è: quali sono questi atti di discriminazione? Cioè, se io sostengo che è sbagliato e ingiusto che una coppia di omosessuali possa adottare un bambino, sto commettendo o sto istigando a una discriminazione? E se mi associo, se faccio parte di una religione, di un gruppo catecumenale, di un partito, che sostiene, per esempio, che è contrario al matrimonio dei *gay*, compiamo un'istigazione alla discriminazione, magari in associazione, e dobbiamo essere puniti in maniera assai più severa?

E, allora, qui si tocca la libertà di associazione, si tocca la libertà di opinione di cui all'articolo 21 della Costituzione e si tocca l'articolo 19 della Costituzione. In realtà ci sono molte religioni e tra queste quella principale, la nostra religione cattolico-cristiana, che prevede nella sua dottrina sociale l'idea che colui che si trova in questa condizione soggettiva possa essere criticato e, comunque, è contraria all'adozione da parte di coppie *gay*. E, allora, in questo caso una persona potrà professare la sua libertà religiosa? O per questo istigherà alla discriminazione? O compirà un atto di discriminazione?

Allora, noi crediamo che *in primis* si possa punire magari più adeguatamente, inserendo una normativa generale di contrasto alle discriminazioni e utilizzando l'articolo 3 della Costituzione, che al suo ultimo paragrafo introduce anche il concetto di condizioni personali tra le condizioni da tutelare e, quindi, nessuno può essere discriminato in base alle sue condizioni personali. E, allora, si può stabilire una sanzione di carattere generale perché non crediamo, per esempio, che una discriminazione nei confronti di un di-

versamente abile sia meno grave di una discriminazione o di una violenza nei confronti di un omosessuale.
Oppure quanto meno possiamo limitare il danno, circoscrivendo il reato agli atti di violenza o all'istigazione alla violenza nei confronti degli omosessuali. Credo che, se quest'Aula ragionerà in maniera seria, se i tempi ce lo consentiranno, si capirà chiaramente che è importante tutelare la libertà di parola e di opinione di cui all'articolo 21 della Costituzione; è importantissimo tutelare la libertà religiosa, la libertà di professare la propria religione, di cui all'articolo 19; è importantissimo preservare l'articolo 3 del principio di uguaglianza. Ci sarebbe anche da citare l'articolo 25, lo voglio ricordare. Discriminazione è un concetto intuitivo dal punto di vista lessicale, ma dal punto di vista giuridico è poco tipizzato, per cui si viola anche il principio di legalità e il principio di tassatività di cui all'articolo 25 della Costituzione. Il fronte del significato della discriminazione diventa liberamente interpretabile da un magistrato e credo che non sia giusto dare questo tipo di discrezionalità e soprattutto apriamo in futuro, perché non sappiamo quello che può accadere tra dieci o quindici anni, anche ad una vera e propria persecuzione religiosa. Per cui, invito i parlamentari a guardarsi con attenzione questa norma e a giudicarla, come in questo momento noi di Fratelli d'Italia proponiamo, come assolutamente anticostituzionale.

L'on. Alessandro Pagano, infine, ha proceduto con l'illustrazione della questione pregiudiziale n. 3:

Signor Presidente, onorevoli colleghi, credo non vi sia in quest'Aula alcun collega che condivida o addirittura pratichi la discriminazione per ragioni di sesso, al di là dell'analisi e della definizione che ciascuno di noi può dare dell'omosessualità. La cultura della nostra nazione ci porta naturalmente a volere il rispetto della dignità di ciascuna persona, di tutte le persone. Se proprio si ritenesse inadeguata la legislazione in vigore – ciò che io non penso che sia – si sarebbe al più potuto immaginare, come da tempo ha suggerito il nostro presidente del gruppo onorevole Renato Brunetta, una aggravante specifica dei reati contro la persona. Si è voluto invece proporre all'esame dell'aula un testo fortemente divisivo nella società prima ancora che nel Parlamento e che non concorre in conseguenza a creare quel clima condiviso che più di ogni altra cosa potrebbe consentire l'isolamento, la condanna, la prevenzione dei comportamenti discriminatori. Si è preferito il piano inclinato e sdrucciolevole del reato di opinione a quello ben più solido e accettato dei reati contro la persona. E a questo punto, non solo per la fase di esame in cui ci troviamo, diventa davvero preliminare il profilo di costituzionalità perché la proposta al nostro esame investe profili di libertà che ogni persona di buon senso – a maggior ragione per coloro che fondano il proprio pensiero su quello liberale – dovrebbe con immediatezza individuare. Ed ogni volta che ciò è stato sottovalutato, come nel caso della legge Severino, il danno conseguente alla norma limitativa della libertà si è manifestato con immediatezza. D'altronde il presupposto di questa proposta di legge, nei termini così formulati, è tutto ideologico e si collega ad un movimento internazionale che vuole creare una sorta di "uomo nuovo"; una nuova e artificiale antropologia di Stato attraverso una rottura, graduale ma coerente, dello spirito e del contenuto della nostra Carta costituzionale fondata sulla società naturale e sul diritto naturale, così come vollero i grandi partiti costituenti. E per raggiungere questo scopo oggi gli ambienti politici e sociali che al senso comune del popolo preferiscono l'ideologia di alcune borghesie cosmopolite ritengono di dover inserire nell'ordinamento un reato che inibisca l'iniziativa sociale a difesa della società naturale, dell'unicità del matrimonio tra uomo e donna quale istituto pubblicamente rilevante, della prevalenza dei diritti dei minori sui desideri degli adulti, della connessione tra la procreazione e gli elementi naturali di una relazione affettiva eterosessuale.

Mi si dirà che non necessariamente tali opinioni costituiranno reato in base alla nuova tipizzazione ma è questo un profilo davvero basico della contestazione di incostituzionalità che mi accingo a leggere.
L'assenza di una definizione certa e consolidata dell'omofobia e della transfobia rimetterà all'apprezzamento di un magistrato questa decisione, e credo di poter spendere parole giuste quando affermo che le anomalie che si sono verificate negli ultimi tempi nel sistema giudiziario e l'abuso di potere ricorrente, alimentato da certi presupposti ideologici, da aspirazioni mediatiche e da obiettivi rivoluzionari, devono, per forza di cose, far riflettere questo Parlamento.
Dico in più che la genericità e la differente interpretabilità di alcuni termini produce arbitrio e decisioni contrastanti, e quindi, alla fine, contrarie al principio di eguaglianza nelle applicazioni giudiziarie. Il testo unificato dei relatori inserisce fra le discriminazioni della legge Mancino quelle fondate sull'omofobia e transfobia. In tale modo, viene estesa la reclusione fino ad un anno e sei mesi a chi propaganda idee fondate sulla superiorità o sull'odio razziale o etnico, come noto, ma da oggi, qualora dovesse essere approvato questo provvedimento, anche ad atti fondati sull'omofobia e transfobia.
Il testo in esame prevede anche la reclusione fino a quattro anni di chi, in qualsiasi modo, istiga a commettere violenza o atti fondati sull'omofobia e transfobia. Il testo unificato vieta anche ogni organizzazione, associazione, movimento o gruppo avente tra i propri scopi l'incitamento alla discriminazione o alla violenza per motivi razziali e etnici o fondati, appunto, sull'omofobia e transfobia. Chi partecipa a tali organizzazioni, movimenti o gruppi, o presta assistenza alla loro attività, è punito, per il solo fatto di parteciparvi, con la reclusione da sei mesi a quattro anni. Questa proposta di legge, nei termini esposti, contiene almeno sette elementi di incostituzionalità.
È utile ribadire che i termini "omofobia" e "transfobia" hanno un'accezione incerta, e comunque non prevista dal

nostro ordinamento giuridico, il cui contenuto sarà determinato, più che interpretato, dall'applicazione giurisprudenziale, con evidenti rischi di pronunce radicalmente difformi, a causa del significato discrezionale.
Ma entriamo nel vivo dell'incostituzionalità: la prima questione riguarda l'articolo 25 della Costituzione. Viene, infatti, abbandonato un sistema penale fondato, per senso di realtà e per garanzia, su dati oggettivi, e diventano penalmente rilevanti, con conseguenze pesanti, viste le sanzioni previste, categorie non definite, per l'appunto omofobia e transfobia, la cui area di applicazione è ad alto rischio di arbitrarietà. Il reato penale risponde al requisito della tassatività quando è caratterizzato da contorni ben precisi. Il fatto stesso che questo delitto venga fatto rientrare in una legge speciale quale la Mancino e tra i delitti definiti di «odio», lo dico tra virgolette, rischia di sovvertire il delitto penale del fatto che contraddistingue la nostra civiltà giuridica.
Alla luce di queste essenziali precisazioni, è rischiosa per la libertà dei cittadini la previsione del delitto di odio, perché ciò implica uno scandaglio dei moventi intimi. Molti delitti sono mossi da odio contro la persona – l'omicidio è l'esempio classico – eppure tale movente non è previsto come aggravante. Se passassero queste fattispecie, si passerebbe nel nostro diritto e nella nostra legislazione dal diritto penale del fatto ad un diritto penale dell'atteggiamento interiore.
La Commissione affari costituzionali, nel parere reso a maggioranza, si è soffermata analiticamente su questo profilo critico: se non condividete le ragioni della pregiudiziale da noi presentata, almeno rileggete le sagge considerazioni contenute nell'atto chiamato, in questo Parlamento, a valutare la conformità alla Costituzione delle norme che si stanno per approvare.
È meglio farlo ora, a differenza di quanto è accaduto con la legge Severino, che domandarsi domani come riparare ai danni che certamente verranno dalla violazione di non poche disposizioni costituzionali come quelle indicate. Anco-

ra, una seconda questione di incostituzionalità riguarda la libertà di pensiero, ai sensi dell'articolo 21 della Costituzione.

Potrebbe essere incriminato da un giudice, in maniera discrezionale, secondo questa proposta di legge, anche chi manifestasse l'opinione dell'esistenza in natura di maschio e femmina e della necessità che il diritto positivo sia fondato sul diritto naturale, e ciò anche se tale opinione fosse esplicitata nell'assoluto rispetto di tutti, senza tradursi in alcuna condotta denigratoria o comunque illecita.

Una terza questione riguarda l'articolo 19 della Costituzione, la libertà di culto, in particolare per le confessioni religiose (cioè tutte) le cui basi sono la distinzione fra i sessi, e che pertanto rischierebbero Il testo in esame non impedisce in alcun modo all'interno di un corso di preparazione al matrimonio canonico, per esempio, l'affermazione – coerente con quella prevista tra l'altro dalla nostra Costituzione – secondo cui la famiglia è quella fondata sull'unione permanente fra un uomo e una donna. Bene! Per questa proposta di legge tale comportamento rischia di tradursi in una «propaganda», e quindi sanzionata dalla «Mancino».

Ancora, l'articolo 18 della Costituzione consente ai cittadini di associarsi liberamente. Il progetto di legge prevede misure (sequestro, confisca, scioglimento) nei confronti di quelle associazioni i cui componenti siano condannati nella nuova normativa.

Una quinta questione riguarda l'articolo 33 della Costituzione che garantisce la libertà di ricerca scientifica. Una sesta questione riguarda gli articoli 13 e 3 (la libertà personale è inviolabile). Una settima questione riguarda la violazione degli articoli 10 e 11 sull'ordinamento giuridico italiano, che deve essere conforme alle norme del diritto internazionale. Ma nel caso specifico la Convenzione di New York, dove si innesta questa proposta di legge, mira ad eliminare la discriminazione razziale, ma questo è un tema ben diverso dalla discriminazione sull'omofobia e sulla transfobia.

Lo ripeto: questi temi sono stati tutti affrontati dalla I Commissione Affari Costituzionali che il 2 agosto ultimo scorso, nella seduta n. 68, ha rilevato che questa legge viola almeno quattro articoli della Costituzione.
Il testo che quella Commissione esitò diceva testualmente: «Ricomprende – con riferimento al testo di legge – situazioni ampie ed indeterminate e si fonda su situazioni e scelte soggettive, anziché su posizioni oggettive». Continuo con il virgolettato: «Tenuto conto che quanto stabilito dal testo potrebbe prefigurare una situazione normativamente differenziata rispetto ad altre situazioni analogamente meritevoli di tutela (perché a questo punto non si tutelano i disabili? o gli obesi? o le donne? o le vittime del bullismo?) – concludo, Presidente – in cui si commettono delitti contro le persone e viene violato il principio di uguaglianza e di giurisprudenza».
E allora da qui, oltre alle violazioni dell'articolo 21, evidenziate dalla Commissione affari costituzionali, mi avvio alla conclusione, citando esattamente quello che ha detto la Commissione affari costituzionali, penso, Presidente, che sia utile a tutti: «I moventi interiori, il cui accertamento obbiettivo non è univoco, possono dar luogo alla presunzione di sussistenza ogni volta che la condotta illecita interessi soggetti di cui siano note l'omosessualità e così invertire l'onere della prova (ad esempio, si litiga con un soggetto che poi si scopre essere omosessuale)», e la Commissione conclude chiedendo «il rispetto del principio della determinatezza e della tassatività delle norme incriminatrici» e «risulta necessario richiedere che la condotta di istigazione sia esplicitata, non potendosi mai dedurre dall'opinione dichiarata».
Da qui il parere contrario della Commissione e da qui la mia richiesta che ovviamente va inquadrata all'interno di una incostituzionalità di questa norma.

Di fronte ai rilievi sollevati nelle predette questioni pregiudiziali sono seguiti gli interventi dell'on. Lorenzo Dellai (PD), dell'on. Giulia Di Vita (M5S), dell'on. Ileana Cathia Piazzoni

(SEL), dell'on. Barbara Pollastrini (PD). In quegli interventi, di fatto, non vi è stata nessuna convincente confutazione giuridica delle argomentazioni proposte sull'incostituzionalità, ma solo una serie di ragionamenti meramente ideologici, alcuni dei quali caratterizzati persino da un tono becero e di basso profilo.

Colpisce, invece, il fatto che il gruppo Popolo della Libertà abbia chiesto di potere intervenire comunque nella discussione, non riconoscendosi nella questione pregiudiziale n. 3 dell'on. Alessandro Pagano ed altri deputati tutti appartenenti, peraltro, allo stesso gruppo PdL. È l'on. Enrico Costa – colui che in Commissione Giustizia, d'accordo con il PD, consentì l'azione glissatoria sugli emendamenti –, che interviene sul punto:

> Signor Presidente, è anomalo il fatto che il gruppo Popolo della Libertà intervenga in fase di pregiudiziale con due diversi esponenti. Ebbene, c'è stata una presentazione di una pregiudiziale a titolo si può dire personale, ma il tema porta proprio a un dibattito interno, porta a sensibilità diverse, ad approcci diversi a quella che è la materia. Non dimentichiamo che in quest'Aula, nella scorsa legislatura, per ben due volte la legge passò dalla Commissione, arrivò in questa sede e la pregiudiziale di costituzionalità venne approvata a scrutinio segreto. Venne approvata nonostante nulla potesse farlo presagire quanto meno sulla base dei numeri delle forze politiche che in quel momento puntavano a portare avanti il provvedimento.
> Questo ci deve insegnare secondo me una cosa fondamentale: il metodo di lavoro. Questo provvedimento non può essere affrontato con il piglio di chi è sicuro di avere i numeri dalla sua parte e non tiene in considerazione quelle che possono essere le diverse sensibilità, i diversi approcci a questo tema, i diversi valori, i diversi percorsi che hanno portato ciascun collega ad arrivare in quest'Aula, i diversi riferimenti che possono sensibilizzare ciascun parlamentare, dare indicazioni, sostenere, sensibilizzare. Ebbene, se si pensa di approvare questo provvedimento usando il Parlamento come un'asta per la bandiera da poter esibire di fronte alle singole associazioni, di fronte ai singoli sosteni-

tori, si sbaglia l'approccio. È necessario cercare di partire con una valutazione giuridica e la valutazione giuridica deve partire dall'interesse protetto.
C'è un'esigenza – e dobbiamo riconoscerlo –, che è un'esigenza di tutela, ci sono moltissimi episodi che nel nostro Paese si sono moltiplicati e necessitano di essere affrontati in modo serio e non certo demagogico. Ebbene, si è scelto, già nella scorsa legislatura, di affrontarli attraverso una norma penale. Bene, io non sono un grande sostenitore della soluzione dei problemi attraverso la repressione, attraverso la norma penale. Sono convinto che la prevenzione, la sensibilizzazione, l'approccio culturale siano sicuramente più efficaci, ma tant'è: allora come oggi, ci sono delle proposte di legge che partono da un approccio di questo genere.
Ebbene, il Popolo della Libertà, pur discutendo al suo interno, ha contribuito molto all'approvazione in Commissione di un testo, di un testo che va anche oltre rispetto a quello che era il testo nel quale, probabilmente, i sostenitori della norma sarebbero già stati molto felici di portare a casa nella scorsa legislatura, una fattispecie autonoma di reato. C'è stato un grande consenso in Commissione. Io sono convinto che sia fondamentale quest'ultima fase. Con onestà intellettuale, ammetto ed evidenzio che le pregiudiziali non sono fondate costituzionalmente, e lo dico, spero, aprendo un po' di credito nei confronti di quelle forze politiche che oggi – ancora oggi – in Commissione, hanno forzato per cercare, forse, di fare il testo dal loro punto di vista perfetto, ma che non tenesse conto delle diverse sensibilità.
Quindi, il mio gruppo voterà contro le pregiudiziali, tenendo conto, però, con grande rispetto, di quelli che sono stati gli interventi che si sono svolti oggi. Ho apprezzato anche il tono, ho apprezzato le argomentazioni, ho apprezzato, diciamo, la voglia di discutere e di dibattere in quest'Aula. Ebbene, io diffido di quei gruppi che sono monolitici di fronte a questi argomenti: molto probabilmente, sono monolitici all'esterno, ma, nel voto segreto, si posso-

no differenziare. Ebbene, noi abbiamo saputo manifestare questo dibattito: un grande partito, è importante, avanza nel suo dibattito culturale, nel suo approccio culturale, anche attraverso questi comportamenti.

Si è, infine, passati al voto a scrutinio segreto sulle questioni pregiudiziali di costituzionalità Giancarlo Giorgetti ed altri n. 1, Giorgia Meloni e Cirielli n. 2, Pagano ed altri n. 3. Questo l'esito: *presenti: 519, votanti: 505, astenuti: 14, maggioranza: 253, voti favorevoli: 100, voti contrari: 405.*

Stupisce davvero l'incredibile superficialità con cui sono stati affrontati e liquidati i seri rilievi di compatibilità costituzionale delle norme in discussione. Gli effetti negativi di questo inspiegabile atteggiamento si potranno, purtroppo, vedere nella malaugurata ipotesi in cui questa legge dovesse essere approvata, quando ci si accorgerà delle concrete conseguenze in sede applicativa. E allora sarà troppo tardi per pentirsi. Resterà l'amara e magra soddisfazione di chi potrà affermare, a buon titolo e a testa alta, la classica frase consolatoria: «Noi l'avevamo detto!».

I due giorni successivi – 18 e 19 settembre – vedono accadere di tutto. Il PD decide di violare i patti conclusi in Commissione Giustizia – scatenando le ire dei compari traditi –, e approva un emendamento che introduce l'aggravante della Legge Mancino anche per i motivi di omofobia e transfobia. Questo significa – ed è un fatto assai grave – che per qualsiasi reato del codice penale non punito con l'ergastolo, se commesso con finalità di discriminazione o di odio fondati sull'omofobia o la transfobia, si applicherà una pena aumentata fino alla metà. E si procederà sempre d'ufficio.

Per ottenere i voti del gruppo Scelta Civica i piddini barattano una sorta di "salvacondotto" per i cattolici. Si tratta del subemendamento Gitti, dal nome del proponente deputato, appunto, di Scelta Civica, il quale recita che «non costituiscono discriminazione, né istigazione alla discriminazione, la libera espressione e manifestazione di convincimenti od opinioni riconducibili al pluralismo delle idee, purché non istighino all'odio o alla violenza, né le condotte conformi al diritto vigente ovvero anche se assunte all'interno di organizzazioni che svolgono attività di natura politica, sindacale, culturale, sanitaria, di istruzione ovvero di religione o di culto, relative all'attuazione dei princìpi e dei valori di rilevanza costituzionale che connotano tali organizzazioni». Il testo scatenerà le ire del Movimento 5 stelle e di SEL, che bollano la norma come «salvavescovi», tanto che poi la legge passerà con i soli voti di PD e Scelta Civica.

Parrebbe, quindi, tutto tranquillo, se non fosse che in questa vicenda, dai toni sempre più picareschi, tutto sembra destinato a finire in farsa. Interrogato fuori dal parlamento il giorno successivo, infatti, il relatore on. Ivan Scalfarotto, padre putativo del disegno di legge, dà una sua interpretazione autentica del subemendamento Gitti.

> Il sub-emendamento Gitti in realtà è molto meno preoccupante di come sia stato descritto. Basta leggerlo. Vi si dice che non costituiscono atti di discriminazione le condotte delle organizzazioni di natura politica, sindacale, culturale, sanitaria, di istruzione ovvero di religione o di culto a queste condizioni:
> a. se sono conformi al diritto vigente;
> b. se sono assunte all'interno (non all'esterno) della organizzazione;
> c. se si riferiscono all'attuazione di principi e di valori di rilevanza costituzionale.
> Tutto questo solo «ai fini della presente legge». Questo vuol dire che se vi è un'altra norma che stabilisce un divieto di discriminazione (per esempio: norme sul divieto di discriminazione sul lavoro), queste non vengono sanate da questo emendamento. Si tratta solo di una scriminante ai fini della legge penale, non di una scusante di carattere generale.

Così, Scelta Civica può abbindolare i cattolici facendogli credere che possono pubblicamente professare la propria fede "omofoba" se agiscono come associazioni, e Scalfarotto può tranquillizzare la lobby facendo credere che i cattolici potranno leggere il catechismo soltanto nel chiuso delle parrocchie e non all'esterno.

Neppure il grande Pirandello sarebbe stato capace di un simile colpo di genio!

L'ultimo atto si chiude con l'approvazione della legge, aggravante e sub-emendamento Gitti compresi:

TESTO APPROVATO DALLA CAMERA DEI DEPUTATI

Disposizioni in materia di contrasto dell'omofobia e della transfobia

Art. 1.
(*Modifiche alla legge 13 ottobre 1975, n. 654, e al decreto-legge 26 aprile 1993, n. 122*)

1. All'articolo 3 della legge 13 ottobre 1975, n. 654, e successive modificazioni, sono apportate le seguenti modificazioni:

a) al comma 1, lettere *a)* e *b)*, sono aggiunte, in fine, le seguenti parole: «o fondati sull'omofobia o sulla transfobia»;

b) al comma 3, primo periodo, dopo le parole: «o religiosi» sono aggiunte le seguenti: «o fondati sull'omofobia o sulla transfobia»;

c) dopo il comma 3 è aggiunto il seguente:

«*3*-bis. Ai sensi della presente legge, non costituiscono discriminazione, né istigazione alla discriminazione, la libera espressione e manifestazione di convincimenti od opinioni riconducibili al pluralismo delle idee, purché non istighino all'odio o alla violenza, né le condotte conformi al diritto vigente ovvero anche se assunte all'interno di organizzazioni che svolgono attività di natura politica, sindacale, culturale, sanitaria, di istruzione ovvero di religione o di culto, relative all'attuazione dei princìpi e dei valori di rilevanza costituzionale che connotano tali organizzazioni».

2. Al decreto-legge 26 aprile 1993, n. 122, convertito, con modificazioni, dalla legge 25 giugno 1993, n. 205, sono apportate le seguenti modificazioni:

a) al titolo, dopo le parole: «e religiosa» sono aggiunte le seguenti: «ovvero fondata sull'omofobia o sulla transfobia»;
b) alla rubrica dell'articolo 1, dopo le parole: «o religiosi» sono aggiunte le seguenti: «ovvero fondati sull'omofobia o sulla transfobia»;
c) all'articolo 3, comma 1, le parole: «o religioso» sono sostituite dalle seguenti: «, religioso o fondati sull'omofobia o transfobia».

Art. 2.
(*Statistiche sulle discriminazioni e sulla violenza*)

1. Ai fini della verifica dell'applicazione della presente legge e della progettazione e della realizzazione di politiche di contrasto della discriminazione e della violenza di matrice xenofoba, antisemita, omofobica e transfobica e del monitoraggio delle politiche di prevenzione, l'Istituto nazionale di statistica, nell'ambito delle proprie risorse e competenze istituzionali, assicura lo svolgimento di una rilevazione statistica sulle discriminazioni e sulla violenza che ne misuri le caratteristiche fondamentali e individui i soggetti più esposti al rischio con cadenza almeno quadriennale.

Non si può chiudere il racconto di quei tre giorni parlamentari, senza segnalare alcune rare perle di intolleranza omosessualista assai utili per comprendere quale potrebbe essere il clima a legge vigente. Fra gli innumerevoli interventi illuminanti se ne possono scegliere alcuni.

Prendiamo, ad esempio, il caso dell'on. Silvia Giordano del Movimento 5 Stelle. Davvero un interessante e notevole florilegio:
«*L'omosessualità è un'identità "ascritta", quindi non si sceglie. Sta alla persona prenderne atto e decidere se viverla serenamente o negarsi e reprimersi come suggerisce il Vaticano quando invita gli omosessuali a vivere in castità*»;
«*tutti i punti fin qui espressi esemplificano in modo chiaro, netto e incontrovertibile il fatto che l'omofobia sia uno dei tanti volti con i quali si manifesta il razzismo. Ed è proprio in ragio-*

ne di ciò che l'estensione della legge Mancino a questo reato, senza vigliacchi cavilli salva questo o quello, è assolutamente necessaria»;
«la libertà di opinione che qui si vuole tutelare è quella di poter continuare a dire che gli omosessuali sono malati, che l'omosessualità è una devianza, che gay, lesbiche e trans non sono normali, che milioni di cittadini sono contro natura. Voi avete il diritto di legiferare, è vero, ma non avete il diritto di giudicare né di distribuire patenti di normalità e naturalità»;
- *«la verità è che volete tutelare la libertà di insulto, di ingiuria e di dileggio nei confronti delle comunità LGBT, tutelando posizioni reazionarie o andando a solleticare gli istinti più beceri»;*
- *«per noi, libertà significa consentire alle persone di vivere secondo le proprie inclinazioni, secondo le proprie personalità e sensibilità, garantendo il diritto costituzionale all'identità. Voi, invece, volete imporre la vostra visione del mondo, il vostro modello di vita, il peccato come reato e la religione imposta per legge»;*
- *«oggi quest'Aula è chiamata a pronunciarsi su un tema che tocca la pelle e i sentimenti delle persone. Oggi sul piatto ci sono secoli di dolore, lacerazioni, persecuzioni, morti, disperazioni, derisioni, rifiuti. È su questo che la Camera dovrà deliberare. Ciò che emergerà da questo emiciclo costituirà un indicatore chiaro del grado di civiltà nel quale si trova il nostro Paese e la nostra comunità. Già nel codice di Giustiniano, quello dell'omosessualità divenne il reato punito con la morte per rogo e quello è solo uno dei numerosissimi elenchi che cadenzano una storia fondata sulla discriminazione e sulla persecuzione, come quelle condotte dalla Chiesa cattolica e dal braccio secolare, che mandò a morte masse di persone perché diverse, devianti, deviate, un male da estirpare alla radice»;*
- *«si vuole approvare questa proposta di legge e al contempo dare la possibilità al clero, agli psicologi, agli scienziati di area cattolica di introdurre la modica quantità di omofobia, garantita in base a una concezione deviata di pluralismo delle idee. Ci chiediamo se andando avanti di questo passo le forze politiche qui presenti non sarebbero persino in grado di essere talmente*

disinvolte da introdurre modifiche circa la quantità di antisemitismo o di razzismo».

Non è da meno il collega deputato pentastellato on. Paolo Bernini. Sua questa perla: «*Signor Presidente, vorrei fare un esempio pratico. Daniele ha 15 anni, gli piace il calcio, è cattolico e anche gay. (...) Poi magari in chiesa si sente dire dalla persona a cui affida la sua anima che quelli come lui sono destinati alle fiamme eterne. (...) Vi sembra che stia esagerando? È quello che succede a molti adolescenti che fanno questo tipo di scelta, perché non ce la fanno più a vivere in un mondo che li odia, prima di ogni altra cosa, proprio a parole. Di chi è la colpa di questi suicidi ? Di attori sociali come quelli summenzionati, che con le loro dichiarazioni alimentano una dichiarazione, alimentano una campagna di odio collettivo*»

Nello psicodramma parlamentare che ha caratterizzato l'iter della legge sull'omofobia si è potuto assistere a giravolte, *coup de théâtre*, trasformismi, violazione di patti e ingenuità al limite della ragionevolezza.

Spiace dirlo ma il primato spetta all'on. Enrico Costa del PdL, quello, ricordiamo, che consentì in Commissione Giustizia di non far discutere gli emendamenti. Ebbene, dopo aver votato, in ossequio agli accordi stretti col PD, contro la questione pregiudiziale di costituzionalità presentata dal collega di partito on. Alessandro Pagano, Costa si è ingenuamente illuso che i compari *democrat* e civici fossero di parola. Nonostante il prezzo pagato con il suo contributo alla forzatura sulla legittimità costituzionale del provvedimento in discussione, il deputato pidiellino si è visto cambiare le carte in tavola. Il testo uscito dalla mediazione, – testo che nei patti avrebbe dovuto essere blindato – è stato invece stravolto, come abbiamo visto, grazie all'emendamento a firma Walter Verini (Pd) e modificato dal sub-emendamento di Gregorio Gitti (Scelta civica).

Ne è uscito un mostro giuridico impalatabile persino per i meno schizzinosi esponenti del PdL. Da qui le lacrime di coccodrillo versate in alcuni passaggi dei successivi interventi dello stesso on. Costa, che meritano di essere integralmente riportati:

> Signor Presidente, questo è un emendamento pasticciato che non risolve i problemi. È semplicemente frutto di uno scambio tra il Partito Democratico e Scelta Civica per l'Italia per barattare, da un lato l'aggravante, dall'altra questa norma equivoca che non garantirà sicuramente la libertà di espressione. PD e Scelta Civica per l'Italia hanno voluto questa norma, la portino avanti. Noi voteremo contro e cercheremo anche di motivare le nostre ragioni».

Poi l'intenzione di ribaltare la partita al secondo tempo del Senato:

> Ho visto tanti abbracci e tante esultanze oggi. Sicuramente sarà un atto importante per gli archivi di questo ramo del Parlamento, ma sono convinto che al Senato questo provvedimento verrà non soltanto vivisezionato ma sarà oggetto di palesi e pesanti modifiche. Mi chiedo: non sarebbe stato meglio, forse, accedere a qualche modifica più equilibrata, a raggiungere un consenso politico più ampio che reggesse anche all'urto del Senato? Ebbene, avete preferito piantare una bandiera.

Lacrime anche sui precedenti lavori in Commissione:

> Ricordo che, in Commissione, l'onorevole Pagano presentò centocinquanta emendamenti. Ebbene, il gruppo non si fece carico di quegli emendamenti, non li segnalò e tenne ferma la barra verso una soluzione di mediazione. Ebbene, non fu facile per noi. Ci fu un dibattito interno. Un grande partito ha diverse sensibilità, ha diversi percorsi che hanno portato i vari esponenti a convergere in quest'aula parlamentare. Noi pensavamo che potesse essere rispettato questo nostro passo in avanti. Ci era stato fatto credere che fosse un passo in avanti che potesse reggere. Ebbene non era così».

Infine, il tardivo e ormai inutile pentimento:

> Ma mi permetta di dire ancora una cosa, Presidente. Io, in Commissione, ho votato convintamente la norma relativa alla fattispecie autonoma di reato; mi sono state cambiate le carte in tavola usciti dalla Commissione. Io penso che probabilmente, dovessi tornare indietro, un'apertura di credito nei confronti dei colleghi di maggioranza del Partito Democratico non verrebbe ripetuta sotto questo profilo. Ne risponderò sicuramente ai miei colleghi di gruppo, che mi hanno dato fiducia nei rapporti, ma probabilmente anche il nostro atteggiamento, da domani, in Commissione giustizia, muterà.

All'on. Costa non resta ora che l'amara e magra consolazione del celebre aforisma di Benito Mussolini: «il tradito potrà anche essere un ingenuo, ma il traditore rimarrà sempre un infame!». Troppo poco, però, quando ci sono in gioco valori essenziali e fondamentali come il diritto alla libertà di opinione e di credo religioso. La responsabilità di rappresentare in parlamento milioni di elettori non può consentire margini di grave ingenuità, soprattutto quando la discussione verte su principi e valori non negoziabili. E quando da più parti sono giunte sollecitazioni ad essere cauti e prudenti.

A onor del vero, occorre ammetter che nel dibattito vi sono state anche perle vere di saggezza e buon senso. Tra i tanti si può citare uno degli interventi dell'on. Alessandro Pagano, non foss'altro perché ha avuto la cortesia di citare espressamente i Giuristi per la Vita:

> Signor Presidente, ritengo doveroso questo intervento anche per chiarire la mia posizione, visto che c'è stata una chiara difformità nel primo voto, ed il sottoscritto – non penso solo io – ha avuto modo di votare in maniera diversa. Chiarire ritengo che sia indispensabile, e partirei esattamente da quello che ha dichiarato il capogruppo del PD, l'onorevole Speranza quando ha detto, cito testualmente: «chi picchia un uomo di colore è condannato, chi invece picchia un omosessuale no».

Mi pare di poter dire che la fattispecie su cui stiamo discutendo è esattamente diversa, opposta direi. Per noi è incostituzionale questa legge, oltre che profondamente ingiusta, perché lede il reato di opinione e, nel solco della legge Mancino, riteniamo che non ci possano essere – almeno parlo per quanto mi riguarda – elementi di mediazione, perché l'Italia non ha bisogno di un'altra legge che limiti quella forma essenziale dell'esistenza civile che è la libertà. Se passasse questa legge, infatti, passerebbe un assurdo reato di opinione che conferirebbe immediatamente un enorme potere poliziesco di discriminare a discrezione.
Al tribunale rivoluzionario della Francia giacobina bastava la delazione anonima di uno solo per poter arrestare il malcapitato di turno, praticamente sempre poi inviandolo alla ghigliottina: non era un abuso, era cosa perfettamente legale. Rispondeva alla logica rivoluzionaria. Il cittadino incarnava la *vox populi* che poi oracolava secondo la *vox Dei* e quindi, per definizione, non poteva sbagliare. Non poteva fallire! E, oggi, chi sono gli agenti della rivoluzione? Ritengo che, essendo questa una legge liberticida, bisogna spiegare bene questo passaggio. L'omofobia che cos'è? Certamente un reato turpissimo. Non abbiamo più bisogno di ripeterlo perché siamo tutti d'accordo. Però da oggi rischia di coincidere, solo secondo il parere di una *lobby*, sì, di una *lobby*, la *lobby gay*. Perché, chi è l'unico che può andare a denunciare un altro rispetto a qualsiasi forma che viene ritenuta di discriminazione? Solo un omosessuale. Non tutti gli omosessuali. Non certamente l'omosessuale tranquillo, sereno, di cui siamo onorati di averlo come amico personale. No! Chi denunzierà sarà l'omosessuale ideologizzato. Costui è nelle condizioni su questa materia delicata di poter dire chi è che lo ha discriminato rispetto a chi, invece, non lo ha fatto. E quindi qualsiasi sua denuncia basterebbe e avanzerebbe e non avrebbe bisogno di nessun'altra cosa per andare a sentenza e a condanna. Mi si dirà: ma c'è un giudice che potrebbe stabilire tutto questo. Ebbene, ma io provo a farvi immaginare: mettetevi nei panni di chi è stato accusato di una qualsiasi

forma di questo reato di opinione e poi deve andare davanti ad un giudice a sostenere spese e *stress* che dureranno anni per essere giudicato solo ed esclusivamente per un reato di opinione. Ritengo che da questo punto di vista non ci debbano essere dubbi sul fatto che la libera espressione è fondamentale; e secondo «I giuristi per la Vita» con questa legge potrebbe essere condannato chi predica la morale sessuale cristiana nei luoghi religiosi; chi insegnasse la morale sessuale naturale nelle scuole; chi facesse propaganda contro il *gay pride*; chi organizzasse raccolta firme contro l'omosessualismo militante; chi escludesse l'adozione di bambini da parte delle coppie omosessuali; chi sollecitasse le autorità e i parlamentari ad approvare norme contro le devianze sessuali.
Ditemi voi se è normale che si rischi questo! Ditemi voi se questa è una legge che merita di essere approvata! Ditemi voi se abbiamo oggi il coraggio di dire che questa non è una legge contro il reato di opinione. Non ci sono dubbi, non ci possono essere bavagli di sorta, a maggior ragione per il nostro partito che ha un'antica tradizione, confermata ieri nel discorso pronunciato dal nostro *leader*. Il PdL-FI ha un'antica tradizione che va esattamente nella direzione opposta. La libertà per noi non è un *optional*.

La Camera resta completamente sorda, purtroppo, agli appelli di questo tenore, ed approva quel pessimo frutto di un compromesso al ribasso che va sotto in nome di *Disposizioni in materia di contrasto dell'omofobia e transfobia*.

I voti a favore sono 228, molto meno della metà del totale dei deputati, quelli contrari sono 57. L'epilogo finale è degno dell'aura farsesca che ha accompagnato tutto lo spettacolo: dopo aver annunciato il proprio voto di astensione i deputati M5S si alzano in piedi, si girano verso il compagno di banco e si scambiano un eclatante baio gay. Segue bagarre, nella quale gli stessi deputati grillini innalzano cartelli, che il Presidente della Camera di turno chiede di far ritirare, con un ordine degno del clima farsesco che oramai si è impadronito dell'Aula: «Presidente Nuti, se adesso ha finito di baciare il collega, faccia gentilmente togliere i cartelli. La ringrazio».

Così, nella migliore tradizione italiana, si conclude alla Camera dei Deputati l'iter legislativo del DDL Scalfarotto, in uno scenario che oscilla tra la tragicommedia felliniana e i lazzi burleschi dell'Opera Buffa che ormai sembrano sempre più caratterizzare il *Théâtre-Italien* di Montecitorio.

L'ufficio di presidenza trasmetterà gli atti al Senato, perché spetterà a quell'Aula l'ultima parola sulla legge. In un clima, si spera, un po' più serio e consono alla dignità del laticlavio.

DICEMBRE

Martedì 8 ottobre 2013, la II Commissione Permanente Giustizia del Senato avvia l'esame del Disegno di Legge S.1052, in tema di contrasto all'omofobia e alla transfobia.

In quella sede il senatore Carlo Giovanardi (PdL) ritiene «che una valutazione sull'urgenza non possa prescindere da un'informativa del Governo che faccia conoscere quali siano le vere dimensioni di un fenomeno, l'intolleranza nei confronti degli omosessuali le cui dimensioni e la cui effettiva virulenza appaiono grandemente e maliziosamente amplificate dai mezzi di informazione».

La discussione viene, quindi, rinviata.

I lavori della Commissione riprenderanno il 3 dicembre, nottetempo, perpetuando quella che sembra essere una caratteristica del tormentato iter della legge: prediligere le tenebre.

Si marcia a tappe forzate, e viene stabilita la scadenza del 20 dicembre per la presentazione degli emendamenti. Il clima non appare, purtroppo, dissimile da quanto accaduto in Commissione Giustizia della Camera. Sembra proprio che su questo disegno di legge si voglia impedire una discussione approfondita, seria e pacata. Un passaggio tra il senatore Giovanardi ed il Presidente della Commissione senatore Palma, di Forza Italia, rendono tutto ciò assai evidente:

> Il senatore GIOVANARDI, in relazione allo svolgimento dell'odierna seduta notturna con all'ordine del giorno i disegni di legge n. 1052, 391 e 404, in materia di omofobia e transfobia, ribadisce l'opportunità che non si concluda la discussione generale senza che prima il Governo abbia fornito i dati che egli ha più volte richiesto, per verificare se esista effettivamente un'emergenza sociale connessa ai fenomeni di omofobia e ad atti conseguenti di violenza contro la persona. Proprio in ragione della necessità di non dare per chiusa la fase della discussione generale, auspica che non sia fissato il termine per la presentazione degli emendamenti.

Il sottosegretario FERRI conferma che farà in modo di far pervenire alla Commissione i dati richiesti dal senatore Giovanardi nei tempi più celeri possibili.

Il presidente PALMA ricorda al senatore Giovanardi che in sede di Ufficio di Presidenza integrato dai rappresentanti dei Gruppi parlamentari, era stato definito un calendario di sedute volte a svolgere e concludere la fase della discussione generale sui molti provvedimenti all'ordine del giorno della Commissione, di cui era stato sospeso l'esame a causa dei vincoli regolamentari imposti dalla sessione di bilancio. È pertanto evidente che, come da accordi intercorsi con i Gruppi e con i singoli senatori iscritti a parlare su ciascun disegno di legge, al termine dell'odierna seduta notturna potrà essere dichiarata conclusa la discussione generale, non senza garantire tuttavia ad altri senatori che intendano prendere parte alla seduta medesima la possibilità di intervenire. Una volta conclusa la discussione generale, potrà quindi essere fissato il termine per la presentazione degli emendamenti, così come preannunciato in sede di Ufficio di Presidenza.

Il senatore GIOVANARDI ribadisce una volta ancora il rilievo assoluto che assume la richiesta di dati conoscitivi rivolta al Governo, cui il sottosegretario Ferri ha garantito di far fronte quanto prima.

In molti cominciano a chiedersi i motivi di questa sospetta acceleratura forzata dei lavori parlamentari.

"Avvenire" lo fa in un'intervista intitolata *Omofobia, sedute notturne in Senato*, rivolgendo la domanda all'on. Eugenia Roccella:

R. – *Alla Camera era successo sia in Commissione che in Aula, ora di nuovo in commissione Giustizia al Senato. Un iter giustificabile solo di fronte a un'urgenza nazionale, ma in questo caso che fretta c'è?*

D. – Che cosa giustificherebbe una tale accelerazione?

R. – *Si va in notturna per una legge di stabilità o per un decreto che altrimenti va in scadenza, ma per discutere una legge come quella sull'omofobia certo non c'è bisogno di un "golpe" notturno, a meno che non si voglia agire di nascosto, evitando un dibattito democratico. Vorrei sapere quando mai in questa legislatura si è agito così. Tra l'altro proprio quanto avvenuto alla Camera dimostra che l'urgenza non c'era, se fra la discussione notturna in commissione e la discussione notturna in Aula fecero passare settimane. Non ha senso: se vado in notturna, il giorno dopo all'alba chiudo la legge.*

D. – Il vero motivo quindi è un altro.

R. – *Non si vuole fare un dibattito aperto e onesto, sia nei confronti dell'opinione pubblica, sia di Camera e Senato. Il punto fondamentale è che questa legge non è fatta per proteggere qualcuno, ma per censurare idee e opinioni, rendendo un reato punibile affermazioni del tipo che la famiglia è quella naturale, la stessa citata dalla Costituzione come unica e vera. È una legge da "caso Barilla", che nulla ha a che fare con il suicidio del ragazzino romano. Se vuoi proteggere davvero le persone, com'è noto, non impedisci la circolazione di idee, ma fai cultura, formazione nelle scuole, insegni il rispetto reciproco e l'accettazione di ogni persona. Si tenta di inserire l'omofobia nella legge Reale-Mancino, che però contrasta le idee razziste partendo da una definizione di razzismo codificata a livello internazionale. Qui invece si vuole colpire una indefinita "omofobia" per nulla codificata, cercando di reprimere la libertà d'espressione e di opinione.*

D. – Tra l'altro rappresentativa del pensiero comune alla stragrande maggioranza degli italiani...

R. – *Proprio per questo si agisce di notte. Comunque il vero interrogativo che si apre è che cosa farà ora Forza Italia? Che posizione prenderà? Sarà coerente con quanto detto e fatto in tutta la sua storia o è diventata "altro"? Questa sarà la prova del nove.*

D. – Bondi soprattutto, ma anche Galan e altri, sembrano in effetti il risultato di una mutazione a 180 gradi.

R. – *Noi ci siamo scissi da Forza Italia per reggere il governo e quindi l'unità del Paese in un momento di forti pressioni da parte europea sulle riforme, ma la salvaguardia del governo non è a prescindere, anzi, è molto relativa al momento. Resta dunque molto importante, adesso, definire con chiarezza le nostre culture di riferimento: noi abbiamo una posizione precisa su tutti i temi etici, siamo conservatori sulla questione antropologica e innovatori dal punto di vista sociale. Forza Italia cos'è? I ripetuti attacchi a noi da parte di Bondi e dei giornali d'area pongono dei dubbi sulla natura del nuovo partito, ma per fortuna ora, di fronte a un provvedimento ben preciso e al voto in Aula, si definirà chiaramente se la loro posizione è quella di Bondi, Capezzone, Galan o è quella che hanno sempre espresso. Ad esempio sapremo se Forza Italia è cambiata rispetto al caso Englaro e alle grandi battaglie che in passato ha coraggiosamente portato avanti.*

Il 20 dicembre vengono presentati gli emendamenti. Nel frattempo Arcigay lancia, con i soldi del Consiglio d'Europa, una campagna denominata "*Spegniamo l'odio*".
Si tratta di un video contro l'omotransfobia realizzato dalla nota associazione omosessualista italiana e finanziato dal Progetto LGBT del Consiglio d'Europa nell'ambito delle attività previste dalla Raccomandazione CM/Rec(2010)5 agli Stati membri sulle misure volte a combattere la discriminazione fondata sull'orientamento sessuale o sull'identità di genere.

L'animazione, diffusa il 20 dicembre nella Rete Internet e firmata *Latte creative*, consiste in una raccolta di espressioni e frasi asseritamente omofobe, pronunciate da politici e personaggi pubblici italiani e diffuse dai mass media generalisti. Si riconoscono in particolare le parole di Vittorio Sgarbi, Daniela Santanchè, Giancarlo Gentilini, Giancarlo Cerrelli, Pino Scotto, Mariano Apicella, Romano La Russa, Alessandra Mussolini e persino Padre Livio (direttore dell'emittente radiofonica Radio Maria).

Spiega bene di cosa si tratti l'infaticabile Presidente di Arcigay, Flavio Romani: «È un atto d'accusa contro le parole di odio e di disprezzo di cui sono oggetto quotidianamente le persone LGBT», e che «troppe persone, a volte anche in ruoli istituzionali, usano con disinvoltura senza preoccuparsi minimamente della pericolosità di certi messaggi, che anzi amplificano utilizzando il megafono dei mass media». «Con questa campagna – precisa Romani – vogliamo scuotere quella parte dell'opinione pubblica che pur ritenendo sbagliati i contenuti di quelle frasi, non mette in campo alcuna reazione, rassegnandosi a una deriva ritenuta quasi inevitabile».

Spegnere l'odio aizzandolo contro intellettuali, cantanti, politici, e preti, bollati come omofobi. Non pare che la campagna sia partita col piede giusto. Ma tant'è, questo è Romani e, come è noto, *le style c'est l'homme*.

Il video, però, non è ritenuto sufficiente, per cui ad esso viene affiancata una petizione rivolta ai componenti della Commissione Giustizia della Camera. Questo il testo:

> Alle Senatrici e ai Senatori della Commissione Giustizia.
> È ora in corso in Commissione Giustizia al Senato la discussione del testo che riguarda la modifica della legge Reale-Mancino.
>
> Come sicuramente saprà, siamo molto critici rispetto al testo licenziato alla Camera lo scorso 19 settembre, per una ragione molto precisa: l'intero focus della discussione si è spostato sulla presunta restrizione della libertà di opinione contenuta nella legge.

La legge Reale esiste dal 1975, il decreto Mancino è stato approvato nel 1993. In tutti questi anni mai c'è stato un procedimento né tantomeno una condanna che potesse riguardare l'espressione di pensieri e opinioni, neanche quando queste erano evidentemente razziste o antisemite, o comunque ricadevano nelle fattispecie a cui si riferisce la legge.

La legge Reale-Mancino è stata istituita per punire i crimini d'odio, la violenza e la discriminazione per motivi di razza, etnia e religione. Da anni stiamo chiedendo che anche le violenze e le discriminazioni ai danni delle persone gay, lesbiche e trans vengano punite al pari delle violenze e discriminazioni per razzismo, xenofobia e odio religioso. Ci appare quindi del tutto strumentale e persino offensiva questa preoccupazione rispetto alla restrizione della libertà di opinione, che mai in questi decenni è stata sollevata, e che viene paventata solo ora, nel momento in cui si chiede che anche le persone gay, lesbiche e trans vengano tutelate ai sensi di questa legge.

Siamo i primi a difendere la libertà di pensiero, che riteniamo preziosa e intoccabile, principio fondamentale di ogni paese democratico, libertà che la nostra Costituzione difende in maniera cristallina. Non possiamo accettare però che la libertà di pensiero venga usata come scudo per nascondere la precisa volontà di impedire che anche in questo paese si inizi finalmente un'evoluzione culturale che porti alla fine dello stigma sociale e legalizzato che ancora pesa sulla vita delle persone gay, lesbiche e trans.

L'emendamento che riguarda la libertà d'opinione è quindi per noi inaccettabile oltre che offensivo, e crea un imbarazzante vulnus all'interno della legge. Questo emendamento sembra voler favorire la libertà di insulto e discriminazione, e in particolar modo, per ciò che riguarda il subemendamento Gitti, istituisce zone di non applicabilità della legge talmente vaghe e confuse da creare veri e propri corridoi di sicurezza per razzisti, antisemiti e omofobi.

Le chiediamo quindi di operare affinché l'emendamento Verini-Gitti sia tolto dal testo di legge. In particolar modo riteniamo il subemendamento Gitti talmente pericoloso da inficiare l'applicabilità concreta dell'intera legge. Questo subemendamento va cancellato.

Inoltre, all'interno del decreto Mancino, nel testo licenziato alla Camera, sono stati inseriti i termini "omofobia" e "transfobia", scelta che, pur andando nella giusta direzione, ci appare alquanto incomprensibile.

Chiediamo di sostituirli con i termini più idonei e semanticamente coerenti "orientamento sessuale" e "identità di genere", termini che già compaiono nella nostra normativa e in trattati internazionali, molto meno ambigui e con una robustezza giuridica già consolidata.

Ultima osservazione, ma non meno importante, la constatazione che si è scelto di non intervenire in ambito sociale e culturale per prevenire l'omofobia e la transfobia. Oltre alle doverose sanzioni previste nei confronti di chi commette reati d'odio, è infatti necessario e urgente un cambio dal punto di vista culturale che si proponga di prosciugare le sacche di pregiudizio e di avversione nei confronti delle persone gay, lesbiche e trans, pregiudizio e avversione che si tramutano facilmente in atti di violenza fisica o psicologica.

Per questo chiediamo che la legge intervenga anche in ambito sociale e culturale per prevenire l'omofobia e la transfobia con azioni che vadano ad incidere direttamente nei luoghi dove queste si formano, a partire dalle scuole e dai luoghi di lavoro.

È necessario a nostro avviso provvedere in tal senso, affinché questa legge abbia una sua piena valenza anche culturale e sociale, oltre che penale.

L'Italia è il paese dei diritti negati e delle tutele inesistenti per le persone gay, lesbiche e trans, diritti e tutele che in tutte le altre democrazie occidentali sono acquisiti da anni.

> Le chiediamo di fare tutto quanto le sia possibile per colmare questo abisso che relega il nostro paese nel ruolo di "osservato speciale" da parte degli organismi politici internazionali.
>
> L'approvazione di una buona legge che dimostri che lo Stato sta senza remore dalla parte delle vittime può essere un primo passo.

Gli ignari appellanti non sanno che in Commissione gli spazi per una discussione sono pressoché ridotti al lumicino. Sembra proprio che ormai sulla questione *rien ne va plus, les jeux sont faits!*

Se ne riparlerà in Aula a gennaio 2014.

Perché opporsi

Come è stato ampiamento documentato nel primo capitolo del presente libro, oggi in Italia un'emergenza omofobia è del tutto inesistente. Nonostante ciò, ad occupare il primo posto nella scala delle priorità della politica e del parlamento non è la crisi economica ed istituzionale, non sono i problemi del lavoro, dei disoccupati e degli esodati, delle imprese che chiudono, della salute dei cittadini. No, il problema dei problemi in Italia sembra essere proprio l'omofobia.

Questo grazie ad una massiccia e ben orchestrata campagna mistificatoria che vuole convincere l'opinione pubblica della necessità di procedere a tappe forzate e sedute parlamentari notturne per l'approvazione di una legge che ponga immediatamente fine all'ingiusta discriminazione patita dagli omosessuali, quasi fossero gli afroamericani nell'Alabama degli anni sessanta, o i *black people* nel Sudafrica dell'apartheid boero.
In realtà il disegno di legge in discussione al Senato mostra una pericolosa natura liberticida e apre a inquietanti prospettive giuridico-sociali.

Per opporsi a questa deriva propagandistica, occorre indicare i motivi per cui lo sciagurato intervento normativo in discussione al Senato, deve considerarsi ingiusto e liberticida.

1) Le norme in discussione si inquadrano in una mera prospettiva ideologica, del tutto inutile sul piano legale, poiché gli omosessuali e i transessuali già godono degli strumenti giuridici previsti dal codice penale per tutti i cittadini, contro qualunque forma di ingiusta discriminazione, di violenza, di offesa alla propria dignità personale. Ogni individuo, infatti, in quanto tale è protetto dal sistema penale di fronte a qualsiasi azione lesiva.

Per quando riguarda, in particolare, la tutela da qualunque forma di discriminazione, l'art. 3 della Costituzione italiana recita testualmente che «*Tutti i cittadini hanno pari dignità sociale e sono eguali davanti alla legge, senza distinzione di sesso, di razza, di lingua, di religione, di opinioni politiche, di condizioni personali e sociali*». Sesso e condizioni personali sono quindi già contemplati dalla Costituzione come elementi specifici rispetto ai quali non sono ammissibili forme di discriminazione.

È solo frutto di una prepotente campagna di mistificazione della realtà come si è detto, l'idea che sussista oggi nel nostro Paese una condizione di discriminazione tale da giustificare una specifica – e quindi privilegiata – tutela giuridica, in ragione di scelte sessuali personali e arbitrarie.

2) Le fattispecie di reato delineate nel disegno di legge in discussione al Senato sono accomunate dal fatto di porre omosessualità e transessualità quali valori collettivi da tutelare in sé, attraverso una tutela speciale per i soggetti che ne sono portatori, al di là di quella che il sistema penale assicura a qualunque comune cittadino.

Appare del tutto evidente che siamo di fronte ad una proposta assurda, oltre che giuridicamente infondata, perché analoga protezione potrebbe essere invocata da una serie infinita di soggetti in ragione di proprie condizioni personali, quali quelli di essere cultori di caccia e pesca, di essere obesi, fumatori, di appartenere a tifoserie calcistiche, di essere amanti del gioco d'azzardo e delle corse di cavalli, oppure magari anche cattolici ortodossi e praticanti. Appare a tal proposito del tutto pertinente la domanda posta da Piero Ostellino, un giornalista di estrazione laica e liberale, in un controverso editoriale pubblicato dal Corriere della Sera: «*Non riesco a capire perché picchiare un omosessuale sarebbe un'aggravante, mentre picchiare me — che sono "solo" un essere umano senza particolari, selettive e distintive, qualificazioni sessuali — sarebbe meno grave. Picchiare qualcuno è un reato. Punto, basta e dovrebbe bastare*». In mancanza di reali esigenze concrete, qualunque ampliamento delle garanzie giuridiche già esistenti produrrebbe l'effetto paradossale di sconvolgere e rovesciare l'ordine etico della società umana. Infatti, l'inevitabile punto di approdo di qualunque intervento normativo –com'è già avvenuto in altri Paesi europei – è costituito dal matrimonio omosessuale, dall'adozione di bambini da parte di coppie omosessuali, nonché dalla loro "produzione" attraverso la pratica della maternità surrogata.

3) Le norme che si intendono approvare mirano, in realtà, ad introdurre attraverso la forza pedagogica della legge, l'idea che eterosessualità ed omosessualità siano condizioni naturali paritarie, anzi che l'omosessualità meriti un plusvalore a livello giuridico, un *quid* aggiuntivo a livello di tutela legale rispetto all'eterosessualità.

4) La legge in discussione al Senato introduce una nuova figura di reato su un presupposto – il concetto di "omofobia" e "transfobia" – che non viene definito.

Non vi è una definizione della scienza medica dell'omofobia e della transfobia perché esse non sono inserite in alcuna classificazione clinica delle varie fobie: non compaiono, infatti, né tra le patologie previste nel *Manuale diagnostico e statistico dei disturbi mentali* (DSM), né tra quelle contemplate nella *International Classification of Diseases* (ICD), ovvero la classificazione internazionale delle malattie e dei problemi correlati, stilata dall'Organizzazione mondiale della sanità (WHO).

Nessuna legge dell'ordinamento giuridico italiano definisce i concetti di omofobia e transfobia. Nessun magistrato in nessun provvedimento giudiziale ha mai definito il concetto di omofobia e transfobia.

Nel caso in cui si volesse fare una valutazione comparativa col diritto in vigore nei Paesi che da anni conoscono una legislazione antiomofoba, si potrebbe guardare a quanto accade, ad esempio, nel Regno Unito. Anche lì nessuna legge dà una definizione di omofobia e transfobia. A supplire il vuoto normativo ci pensa direttamente il *Crown Prosecution Service* (CPS), corrispondente grosso modo alla nostra Procura della Repubblica. In un documento ufficiale di quell'Autorità (44899 CPS – Hate Policy), una circolare in cui si delineano le direttive da seguire in materia, al punto 2.1 viene testualmente contemplato quanto segue: «*There is no statutory definition of a homophobic or transphobic incident. However, when prosecuting such cases, and to help us to apply our policy on dealing with cases with a homophobic or transphobic element, we adopt the following definition: "Any incident which is perceived to be homophobic or transphobic by the victim or by any other person"*» (Non esiste una definizione normativa di caso riferibile ad omofobia o transfobia, e al fine di attuare la nostra politica criminale in materia, noi adottiamo questa definizione: "Si ritiene riferibile ad omofobia o transfobia ogni caso in tal modo percepito dalla vittima o da ogni altro soggetto"). In questo caso il presupposto del reato non è lasciato all'arbitrio del giudice ma a quello della vittima.

Ora, In assenza di un'espressa definizione normativa di tale concetto nel testo di legge in discussione al Senato, il rischio che si corre è quello di creare una sorta di "reato giurisprudenziale", il cui contenuto precettivo verrà rimesso all'autorità giudiziaria chiamata a pronunciarsi sul singolo caso, con buona pace del principio di oggettività del reato. Il punto è che negli Stati di diritto a impronta liberale il cittadino deve sempre conoscere preventivamente quali sono le conseguenze del suo comportamento, soprattutto se queste possono determinare effetti di carattere penale. Il contrario è tipico degli stati totalitari e dittatoriali. È noto l'esempio del famigerato e indefinito "reato di attività antisocialista" vigente nell'ex Unione Sovietica.

La prova migliore di quanto il testo in discussione al Senato sia viziato sotto questo profilo la offrono gli stessi deputati del Movimento 5 Stelle, la cui prospettiva ideologica omosessualista è risultata inossidabile durante il dibattito parlamentare.

Alcuni interventi alla Camera dei Deputati nelle sedute del 5 agosto, e del 17, 18 e 19 settembre 2013 appaiono illuminanti.

ILEANA CATHIA PIAZZONI: «Quello che si vuole garantire con questa legge è il ripristino della legalità e l'attestazione forte e definitiva di alcuni diritti umani e civili fondamentali. Ma l'affermazione di tali diritti non può rimanere un guscio vuoto, privo di reale incidenza. Per questo motivo riteniamo necessario l'inserimento di una definizione dell'omofobia e della transfobia ai fini della legge penale e la reintroduzione delle aggravanti di reato. Se c'è il rischio di un eccessivo spazio interpretativo da parte del giudice, scusate ma perché non votate il nostro emendamento? E soprattutto perché avete fatto togliere la definizione di omofobia dalla proposta originaria?».

RAFFAELE CALABRÒ: «Innanzitutto, i termini omofobia e transfobia hanno un'accezione incerta e comunque ancora non prevista dal nostro ordinamento giuridico, per cui il loro effettivo contenuto giuridico sarà determinato dalla giurisprudenza, con evidenti rischi di pronunce radicalmente difformi tra loro. In secondo luogo, il rischio di introdurre il reato d'opinione può adombrare e restringere la sfera della libertà, della democrazia e del diritto. I termini omofobia e transfobia risultano, infatti, di difficile interpretazione perché non sono definiti in nessuna sentenza ed in nessuna legge del nostro ordinamento giuridico e obbligano, così, il giudice ad interpretazioni che potrebbero compromettere la portata dell'estensione della legge. Non esiste un atto normativo vigente che faccia espresso riferimento a questi due concetti. Il principio di determinatezza si radica sull'importanza della precisazione e della formulazione dell'illecito penale e dei suoi elementi costitutivi, richiedendo al legislatore uno sforzo costante di puntualizzazione di termini e di locuzioni. Ed ecco perché noi del Movimento 5 Stelle vogliamo che venga inserito nella legge che cosa si debba intendere esattamente per omofobia».

GIULIA DI VITA: «Abbiamo pregato SEL e il PD di votare almeno il nostro emendamento che ci avrebbe messo al riparo dal rischio di incostituzionalità introducendo la definizione chiara e univoca di omofobia e transfobia. Il giudice se la va a cercare nel vocabolario: mi sono sentita rispondere dal primo firmatario della legge. Se ci aveste ascoltato forse in questo momento non staremmo qui a discutere queste pregiudiziali. Concludendo il PD ha deciso che questa battaglia sui diritti civili non valeva la messa in crisi della maggioranza. Quindi non potevano allearsi con noi su questa legge che pur noi abbiamo firmato senza pretendere nulla in cambio. Hanno cercato l'accordo al ribasso – e come se no! – con il PdL. Il PdL ha portato il PD a cedere su tutti i fronti, svuotando la legge, eliminando persino le definizioni su cui poi probabilmente già progettava di presentare questa pregiudiziale. Un comportamento da perfetti traditori. Sempre complimenti!»

SILVIA GIORDAN: «Signor Presidente, a mio avviso, l'unica cosa che rende veramente poco chiaro il provvedimento è la mancanza di definizione di omofobia e transfobia, e non il cercare di dare una «quantità» all'omofobia. Il problema è che qui l'unica cosa che la persona non può capire, una volta che sarà approvato – spero – questo provvedimento, perché manca, è la definizione. Invece, qui stiamo ancora continuando a perdere tempo cercando di capire fino a che punto e fino a quando il comportamento così aperto, così esplicito e così palese può essere considerato omofobo. Andiamo a chiarire la legge lì nei punti essenziali dove bisogna chiarirli. Quindi, faccio anche un appello: cerchiamo di inserire e di approvare gli emendamenti che prevedano la definizione di omofobia e transfobia».

FRANCESCA BUSINAROLO: «Un altro problema connesso all'uso della parola «omofobia» e a quella «transfobia» sta nel fatto che queste, prive di una definizione espressamente tassativa, risultano di difficile interpretazione per un giudice. Si consideri che la questione è stata sollevata proprio da chi, con le pregiudiziali di costituzionalità, ha sostenuto la decadenza della proposta di legge.
L'assurdità sta proprio in questo: l'aver voluto a tutti i costi svuotare il testo di contenuti fondamentali, tanto da offrire dei seri dubbi di costituzionalità».

GIULIA DI VITA: «Signor Presidente, come spiegato dalla collega Businarolo e adesso dal collega Zan, invito chi ha rappresentato le pregiudiziali due giorni fa, ovvero Lega, Fratelli d'Italia e PdL, visto che l'argomentazione di punta era proprio il fatto che omofobia e transfobia sono concetti troppo indeterminati. Benissimo, adesso avete un emendamento che, come è stato egregiamente spiegato, risolve questo problema. Quindi, sarebbe quanto meno stupido non approvare questo emendamento».

TANCREDI TURCO: «Signor Presidente, vorrei semplicemente illustrare questo emendamento che non ha altro fine e scopo se non quello di dare una definizione dei termini omofobia e transfobia.
Per superare le censure di incostituzionalità definire i due termini in maniera precisa e dettagliata, e questo è il senso di questo emendamento».

Così si pronunciavano sulla questione i deputati grillini.

Una considerazione particolare merita, inoltre, l'aspetto relativo all'intervento del magistrato in sede interpretativa.

Quando, infatti, la certezza circa la liceità di un comportamento del destinatario del precetto non la offre espressamente il legislatore, ad individuarla ci penserà colui cui è demandata l'interpretazione dei testi normativi.

È vero che l'operato dei giudici non desta problemi quando vengono in gioco reati di disvalore evidente come possono essere la rapina o l'estorsione, oppure l'usura, ma fino ad un certo punto. Quando, ad esempio, le rapine venivano compiute da certe frange estremiste politicamente colorate si è cominciato a chiamarle "espropri proletari", per diminuirne anche semanticamente il disvalore, e certa magistratura si è impegnata a verificare se non ricorressero cause di giustificazione che eliminassero la rilevanza penale dei contegni.

Non si creano grosse questioni nemmeno quando l'esegesi della norma viene condotta sulla base di canoni interpretativi da tutti condivisi perché si impongono in quel determinato momento storico all'evidenza dei consociati, come attualmente potrebbe essere, ad esempio, il reato di *stalking*. Chi provasse a formulare obiezioni al riguardo sarebbe oggetto di un generale ed indiscriminato disprezzo a prescindere dalla bontà anche tecnica della soluzione scelta dal legislatore e delle critiche che si potrebbero al riguardo formulare.

I problemi sorgono, e le questioni si affacciano in maniera pesante, invece, quando, una volta constatata l'inerzia del legislatore nel prendere una precisa posizione, il destinatario della norma che chiede fin dove si possa spingere l'esercizio di un suo diritto o la liceità di un suo contegno si rivolge al giudice. Costui è fatalmente portatore di una sua peculiare *Weltanschauung* perché inevitabilmente proviene da una sua propria tradizione culturale che lo condiziona e lo influenza nella interpretazione del dato normativo. Questo fenomeno è, per sé, in qualche modo ineliminabile. I giudici mentalmente più onesti non tendono a nascondere questo dato, ma si preoccupano piuttosto di chiarire in maniera esplicita quali siano le premesse metagiuridiche del ragionamento logico che hanno seguito e che ha condotto ad una determinata interpretazione del precetto normativo.

Sarebbe tuttavia ingenuo trascurare l'esistenza di correnti della magistratura associata, le quali non si preoccupano solo di coordinare l'azione "sindacale" dei magistrati, ma funzionano come vere e proprie agenzie culturali ritenendo del tutto corretto e doveroso orientarli nel loro operato più proprio così favorendo in maniera sistematica il formarsi e l'imporsi di determinate interpretazioni della legge. Si tratta di correnti che agiscono in stretto coordinamento con precise fazioni politiche con le quali mantengono collegamenti più o meno organici. Storicamente, la maggior capacità di incidenza sulla formazione di una "mentalità comune e condivisa" tra i giudici va riconosciuta alla corrente cd. "di sinistra" dei magistrati i cui appartenenti, prima ancora che una legge venga varata dal Parlamento o una direttiva europea entri in vigore, organizzano convegni, spesso autofinanziati, nei quali mettono a tema se sia il caso di boicottarla quella legge (è successo, ad esempio, con la Legge 40/2003), e con quali strumenti farlo (ad esempio con l'eccezione di incostituzionalità, il ricorso alla Corte Europea dei diritti dell'Uomo, il ricorso pregiudiziale alla Corte di Giustizia dell'Unione Europea e così via). Più semplicemente, tali magistrati indicano quale interpretazione dare della legge che si intende boicottare, offrendo ai loro colleghi una sorta di "prontuario interpretativo" già previamente confezionato che consenta loro di esimersi da troppi sforzi esegetici.

Le norme discrezionali, in un contesto del genere, perdono tutta la loro potenziale elasticità ed intrinseca capacità di pluralismo per diventare preda della interpretazione offerta dalla corrente di magistratura associata culturalmente meglio organizzata e più incisiva. Essa è a tal punto capace di imporre un'esegesi in grado di ricevere l'avallo dei giudici di legittimità della cassazione, da divenire il vero "diritto vivente", cioè quello concretamente applicato.

Non si riesce neppure ad immaginare cosa potrebbe succedere sulle tematiche relative ai cosiddetti "diritti LGBT", se la libertà personale di un individuo potesse dipendere dall'orientamento più o meno *gay friendly* di un singolo magistrato. Magari appartenente ad una corrente militante.

5) Nel testo di legge in discussione al Senato non vi son o in gioco diritti fondamentali dell'uomo costituzionalmente garanti-

ti, soltanto la libertà religiosa ma la stessa libertà di opinione, poiché la proposta di legge, così come formulata, non potrà non avere gravi ripercussioni sul diritto alla libertà di pensiero (art.21) e alla libertà religiosa (art.19).

6) La legge in discussione al Senato si pone in contrasto con un altro principio fondamentale del nostro ordinamento giuridico. Questo, infatti, non prevede che si possa essere puniti per un fattore puramente interiore, indeterminato e indeterminabile, quale il motivo che muove l'azione. I motivi sono rilevanti soltanto come circostanze e servono per graduare la pena. Se così non fosse, ci troveremmo nell'orizzonte di quel diritto penale che non punisce tanto il fatto quanto l'atteggiamento soggettivo, e che ha tristemente caratterizzato i regimi totalitari nella loro esiziale opera di controllo delle coscienze e di imposizione dell'ideologia di Stato. Infatti, solo la legge penale che punisce i fatti lesivi, le azioni dell'uomo e non la loro matrice psicologica, pur utile in certe circostanze a colorare le modalità dell'azione e quindi a misurare la gravità del reato, pone il singolo al riparo dalla invasione del potere pubblico nella propria sfera intima e da ogni possibile arbitrio.

7) Un altro degli errori di fondo contenuti nella proposta di legge in discussione è il fatto di aver utilizzato per la – ingiustificata – tutela di omosessuali e transessuali lo strumento normativo della cosiddetta legge Mancino, *recante misure urgenti in materia di discriminazione razziale, etnica e religiosa*, ovvero la legge italiana che condanna gesti, azioni e slogan legati all'ideologia nazifascista, e aventi per scopo l'incitazione alla violenza e alla discriminazione per motivi razziali, etnici religiosi o nazionali.

La *ratio* delle norme della legge Mancino, in realtà, è quella di assicurare la convivenza pacifica tra gruppi divisi da forti sistemi di pensiero anche religioso. Ed è in omaggio a questo interesse superiore che anche la limitazione della libertà di manifestazione del pensiero può invocare qualche giustificazione. Mentre tutt'altra valutazione spetta ai reati commessi per motivi di «omofobia» e «transfobia», che non trovano alcun fondamento né in una diffusa ostilità capace di creare un clima oggettivamente persecutorio, né in una situazione di obiettivo svantaggio da ricomporre. Semmai una sorta di successo mediatico, alimentato dalla sapiente orchestrazione, ha posto paradossalmente il fenomeno omosessuale al centro dell'interesse politico e lo ha imposto ad una società culturalmente sempre più disarmata.

8) Con le nuove norme in discussione al Senato potrà essere considerato comportamento omofobo punibile penalmente anche quello di un privato cittadino che pubblicamente sostenga che è giusto impedire agli omosessuali e ai transessuali l'accesso al diritto di sposarsi e a quello di adottare minori; che l'omosessualità rappresenta una «grave depravazione», citando le Sacre Scritture della religione cristiana, o che gli atti compiuti dagli omosessuali sono «intrinsecamente disordinati», «contrari alla legge naturale», poiché «precludono all'atto sessuale il dono della vita e non costituiscono il frutto di una vera complementarietà affettiva e sessuale» (art. 2357 Catechismo della Chiesa cattolica); che omosessualità e transessualità appartengono oggettivamente alla sfera etico-morale, e possono quindi essere sottoposte ad un giudizio di riprovazione; che vi sono ambiti nei quali non può considerarsi ingiusta discriminazione il fatto di tener conto della tendenza sessuale (per esempio nell'adozione o nell'affidamento di minori).

9) Non va peraltro dimenticato l'orientamento giurisprudenziale della Corte di Cassazione (Sez. I, n. 47894 del 22 novembre 2012), che ha ritenuto di qualificare come «propaganda» ai sensi della Legge Mancino la semplice esternazione pubblica di un'idea, ribaltando entrambe le sentenze di primo e secondo grado, che avevano, invece, dato della norma un'interpretazione tale da evitare una compressione eccessiva della libertà di manifestazione del pensiero.

10) Includere l'orientamento sessuale fra le considerazioni sulla base delle quali è illegale discriminare può facilmente portare a ritenere l'omosessualità quale fonte positiva di diritti umani, ad esempio, in riferimento alla cosiddetta "*affirmative*

action", ovvero lo strumento politico che mira a ristabilire e promuovere principi di equità razziale, etnica, di genere, sessuale e sociale. In altre parole, nel momento in cui si riconosce che la categoria degli omosessuali e transessuali è stata ingiustamente discriminata al punto da meritare una privilegiata tutela giuridica, occorre rimediare agli effetti della discriminazione attraverso misure compensative, quali ad esempio quote riservate. È ciò che è successo con gli afroamericani negli USA. Gli obiettivi della *affirmative action* sono raggiunti, normalmente, attraverso quote riservate nelle assunzioni, nelle cariche istituzionali, nell'assegnazione di alloggi pubblici, nell'erogazione di servizi e così via. Già qualcuno comincia a parlare di "quote viola", in analogia rispetto quanto accaduto con le cosiddette "quote rosa".

11) Non regge l'eccezione introdotta nelle norme in discussione al Senato per cui «*non costituiscono discriminazione, né istigazione alla discriminazione, la libera espressione e manifestazione di convincimenti od opinioni riconducibili al pluralismo delle idee, purché non istighino all'odio o alla violenza, né le condotte conformi al diritto vigente ovvero anche se assunte all'interno di organizzazioni che svolgono attività di natura politica, sindacale, culturale, sanitaria, di istruzione ovvero di religione o di culto, relative all'attuazione dei princìpi e dei valori di rilevanza costituzionale che connotano tali organizzazioni*». Dal che si deduce che la manifestazione di idee omofobiche d'ora in poi sarà punita soltanto in ambito domestico, nelle assemblee condominiali, allo stadio e negli stabilimenti termali.

Non occorre, del resto, possedere le formidabili capacità premonitrici di Nostradamus per capire che l'eccezione prevista nel disegno di legge non scamperà alla mannaia inesorabile della Corte Costituzionale. La discriminazione non può funzionare a corrente alternata: o è o non è. E non si può neppure pensare che un comportamento sia considerato reato se posto in essere da un singolo, mentre sia ritenuto perfettamente lecito nel caso in cui il singolo si associ con altri.

Circa il cd. sub-emendamento Gitti, già si è detto, e non pare valga la pena aggiungere altro, se non ricordare che il presupposto imprescindibile di tutta la faccenda sta nel fatto che questo intervento legislativo sancisce un arbitrario trattamento privilegiato per una categoria di persone che inalberano omosessualità e transessualità come valori fondanti della società, e quindi meritevoli di una apposita tutela penale, oltre quella che il sistema garantisce ad ogni *quivis de populo*. Sulla base di questa enormità logica e giuridica si possono solo minare le fondamenta di un intero ordinamento.

A questo conducono, purtroppo, le incontrollate suggestioni di sudditanze culturali ideologiche e politiche.

12) Problemi non meno gravi di compatibilità con l'intero sistema normativo pone anche la previsione nelle norme che si intendono approvare al Senato, della aggravante contemplata nella legge Mancino, estesa a tutti i reati «*puniti con pena diversa da quella dell'ergastolo*», se commessi per motivi di omofobia o transfobia. Una pennellata di arcobaleno a tutto il nostro codice penale. Ora, occorre precisare che le circostanze aggravanti, così come le attenuanti, incidono sulla gravità del reato (e di conseguenza sulla entità della pena concretamente inflitta), o perché il fatto risulta oggettivamente più o meno grave (es. la speciale tenuità del danno patrimoniale nei delitti contro il patrimonio), o perché nell'azione si riflette il sostrato psichico che l'ha mossa (es. motivi futili e abietti, o di particolare valore morale o sociale), fornendo al giudice anche elementi per la valutazione della capacità a delinquere e della personalità dell'autore.

La circostanza modifica *quantitativamente* la gravità del reato, mentre il valore tutelato rimane identico.

Invece, una volta elevato il motivo "omofobico" o "transfobico", in ragione del suo contenuto, a circostanza aggravante di un qualunque reato, è proprio questo suo contenuto ideale a dare una particolare colorazione al reato comune, che ne rimane *qualitativamente* modificato. L'oggetto della tutela, poniamo l'incolumità fisica, subisce uno slittamento e l'incidenza della circostanza si fa da quantitativa a qualitativa.

Come circostanza comune, il motivo omofobico può accompagnare qualsiasi reato, cosicché la rosa dei reati potenzialmente interessati dall'aggravante di omofobia si estende pressoché all'intero codice penale, dall'abigeato alla turbativa d'asta. Per riassumere, se il motivo omofobico diventa capace di aggravare il reato comune ciò sta a significare che il fenomeno omosessuale viene considerato un plusvalore che si aggiunge al bene giuridico leso dal reato comune.

Ma forse l'aspetto più inquietante della previsione dell'aggravante ex Legge Mancino sta nello smisurato aggravio di pena che essa stabilisce (fino alla metà), e che sicuramente è in contrasto con l'articolo 27 della Costituzione, il quale prevede per le pene chiari limiti di contenimento.

13) Con le norme che si intendono approvare al Senato il motivo omofobico e transfobico, lungi dal presentarsi come elemento accessorio, introduce un valore aggiuntivo a quello tutelato dalla norma base e, assumendo il ruolo di elemento costitutivo, crea una serie indeterminata quanto surreale di reati di incerta configurazione. In ogni caso rimane aperto, e non è poco, il problema dell'accertamento. Come dimostrerà il giudice l'esistenza del motivo omofobico e soprattutto come potrà difendersi l'imputato? Questioni che non hanno turbato minimamente i promotori, e ancora meno gli estensori del disegno di legge.

Come se non bastasse, per tutti i reati viene stabilita la procedibilità di ufficio. Una trovata che deve essere sembrata di straordinaria efficacia dissuasiva in vista della eliminazione di ogni sacca di resistenza omofoba. Ma nonostante la bontà delle intenzioni, le norme in discussione non tengono conto di un possibile prevalente interesse *dell'offeso* ad evitare lo *strepitus fori*.
In conclusione con la fantomatica "omofobia" e "transfobia" non si punisce un fatto oggettivamente lesivo di un valore meritevole di tutela penale e caratteristiche personali che abbiano un interesse per l'intera collettività. Non si puniscono neppure comportamenti che mettono in pericolo categorie particolari di persone, dal momento che queste persone godono oggettivamente e in concreto delle libertà e delle garanzie assicurate a tutti i cittadini e che, semmai, godono attualmente di una esposizione mediatica e politica e usufruiscono di spazi di libertà spesso capaci di deprimere esigenze educative e culturali altrui. Basti pensare a manifestazioni ostentatamente oscene che, anche in spregio alle

norme di buon costume costituzionalmente garantite, vengono ingiustificatamente tollerate dalle pubbliche autorità.

Quella che viene punita con l'omofobia e la transfobia, in realtà, è la stessa libertà di pensiero ancora prima della sua manifestazione. Siamo allo psicoreato, quello che la neolingua orwelliana definiva *crimethink*, il più pervasivo strumento repressivo delle istituzioni totalitarie descritte in *1984*. Se passano le norme in discussione al Senato, anche a noi potrà capitare, come ai disgraziati cittadini dell'immaginaria Oceania di Orwell, di essere incriminati di psicoreato, ogni volta che oseremo soltanto elaborare un pensiero omofobo o contrastante con le teorie del nuovo *Socing* e le direttive del Grande Fratello. Davvero un capolavoro!

Spegnere l'odio

Come si è visto, il 20 dicembre 2013 l'Arcigay ha lanciato, con il supporto finanziario del Consiglio d'Europa, la campagna "*Spegniamo l'Odio*". L'intento appare lodevole, e forse scaturisce dal desiderio di esorcizzare il rancoroso livore, l'acredine biliosa e l'astio sprezzante che troppo spesso caratterizza quell'associazione.

Soprattutto quando si rivolge contro la Chiesa cattolica ed i suoi esponenti. Gli esempi, purtroppo, si sprecano.

Basta prendere l'ultimo in ordine cronologico. Il 31 dicembre 2013, ad esempio, il focoso Presidente di *Gaynet*, Franco Grillini, si è scagliato contro l'"omofobo" Arcivescovo di Bologna, Sua Eminenza il Cardinale Carlo Caffarra, reo di aver pronunciato questa frase: «il matrimonio avviene fra un uomo con una donna (...); il bambino ha diritto ad un uomo ed ad una donna che siano suo padre e sua madre; e quindi non possono essere sostituiti da due adulti dello stesso sesso che non sono, ma "fanno" da padre e da madre».

Stizzita, sarcastica ed irriverente la replica di Grillini:

> Caffarra ci dice che la sua verità avrebbe un'origine cardiologica, ovvero Dio l'avrebbe scritto nel cuore degli uomini *ab aeterno*. Ne prendiamo atto e lasciamo il Cardinale a crogiolarsi nelle sue superstizioni. Per parte nostra lo invitiamo a guardarsi in giro e a prendere nota dei Paesi che hanno legiferato sui matrimoni gay rendendo quelle nazioni più libere e meno razziste. Ed anche più prospere perché, guarda caso, dove sono garantiti i diritti delle persone omosessuali si vive meglio, l'economia prospera, il benessere è generalizzato. Niente a che vedere con l'iradiddio scagliata per conto terzi dal porporato bolognese a cui vorremmo consigliare la meritata pensione, perché con le "potenti lobbies" che indirizzano il consenso prima o poi anche in Italia avremo una buona legge sull'omofobia, l'estensione del matrimonio civile per le persone omosessuali, la copertura legislativa per le coppie omoge-

nitoriali e i loro figli che crescono bene, esattamente come tutti gli altri figli, e a volte persino meglio.

Il sanguigno Presidente di Gaynet non ha peli sulla lingua, ed ha un concetto tutto suo circa il diritto altrui di esprimere opinioni diverse dalle proprie. Ne è un ottimo esempio il suo comunicato del 18 dicembre 2013, intitolato *il Governo riconosca il ruolo dell'Unar: da Giovanardi e company omofobia da quattro soldi.*

> I bacchettoni del Nuovo (?) Centro Destra prendono di mira la comunità gay sparando a zero sulle linee guida dell'Unar sul rapporto tra stampa e persone LGBT. Premesso che questo documento rappresenta un contributo e non una norma o una censura preventiva, il livore di Giovanardi e company rivela la solita omofobia da quattro soldi della parte clericale del Parlamento che continua a rivendicare la libertà d'insulto verso le persone LGBT.
> L'Unar si occupa di discriminazioni verso le persone LGBT sulla base delle direttive ricevute dal ministro per le Pari opportunità, che ha tra le sue funzioni costitutive la lotta a ogni forma di discriminazione e quindi anche quella all'omofobia e all'odio motivato dall'orientamento sessuale. Gaynet ha presentato una sua proposta in 8 punti volta a richiamare nell'informazione stessa quel rispetto per le persone che, soprattutto in passato, non è stata la moneta corrente a proposito di omosessualità.
> Sia le linee guida dell'Unar che gli otto punti di Gaynet non vogliono certamente essere una imposizione o un intralcio del lavoro giornalistico, ma intendono richiamare la necessità del rispetto per le persone qualunque sia il loro orientamento sessuale, specialmente quando la mancanza di rispetto è inconsapevole e involontaria. Che a Giovanardi e company tutto ciò non piaccia lo davamo per scontato, perché qualsiasi cosa vada verso l'affermazione della dignità delle persone LGBT viene contrastato a prescindere.

Lo stesso giorno gli fa eco l'altro Presidente, Flavio Romani di Arcigay (i due sembrano ormai Castore e Polluce, i dioscuri dell'omosessualismo italico), il quale non può esimersi dal rito del consueto comunicato stampa sulla vicenda, difendendo a spada tratta il documento Unar sulla strategia nazionale per la prevenzione ed il contrasto delle discriminazioni basate sull'orientamento sessuale e l'identità di genere (2013-2015), e il vademecum destinato agli operatori dell'informazione.

> Sorprende la faccia tosta dei Senatori del Ncd che nel definire il documento prodotto da Unar come un atto da regime, ne chiedono la censura e la rimozione dai siti istituzionali, come farebbe il peggiore dei regimi totalitari.
> Quella mossa dai senatori ex berlusconiani è un'accusa ridicola che ignora evidentemente il lavoro di confronto ed elaborazione di istituzioni, associazioni ed esperti che sta alla base di quei documenti. La Strategia Nazionale per la prevenzione ed il contrasto delle discriminazioni basate sull'orientamento sessuale e sull'identità di genere è nata a seguito del programma promosso dal Consiglio d'Europa *Combattere le discriminazioni basate sull'orientamento sessuale e sull'identità di genere*, ed è stata elaborata e implementata con la collaborazione delle associazioni. Analogamente, le linee guida per la stampa sono state definite in collaborazione con la Federazione Nazionale della Stampa e l'Ordine dei giornalisti. Evidentemente la cultura di riferimento dei signori interpellanti è quella del velinismo, delle battute pecorecce, dei corpi seminudi mercificati, del turpiloquio sulle prime pagine dei giornali e delle nipoti di Mubarak: comprensibile che un tentativo di superamento di questo squallore metta in allarme questi individui. Opportuno invece che il Governo si sia mosso attraverso Unar (che su sollecitazione europea si occupa anche di questioni LGBT) per mettere in campo tentativi concreti di superamento di un ventennio – quello del berlusconismo – che in termini culturali ha prodotto danni analoghi a quelli prodotti dal fascismo. Danni di cui i senatori Ncd portano importanti responsabilità. Così come

portano la responsabilità del pressapochismo e dell'ignoranza con cui parlano di uffici istituzionali come l'Unar, che invece sarebbero tenuti a conoscere nel dettaglio.

L'impulsivo Flavio Romani, – che a parole sembra essersi convertito all'irenismo francescano – riesce comunque a sprizzare gratuitamente una preoccupante quantità di odio attraverso le sue parole. È sufficiente sentire, ad esempio, chi ha soltanto "osato" mettere in discussione la proposta di legge sull'omofobia:

> Appena si è avuto sentore che questa semplice e banale proposta di civiltà potesse passare, si è scatenata una gazzarra ignobile che è partita dagli ambienti cattolici più oscurantisti, ed è passata poi per il quotidiano "Avvenire", l'organo ufficiale dei vescovi italiani, fino ad arrivare al Meeting di Comunione e Liberazione di Rimini con la raccolta firme contro la legge. Una campagna mistificatoria carica di menzogne, dei bugiardi che hanno messo in giro delle falsità incredibili.

Ci si può anche provare, ma appare oggettivamente difficile dialogare pacificamente con simili interlocutori, che farebbero bene ad allentare la carica di aggressività che li affligge.

Romani è tornato persino a parlare ancora della vicenda del Meeting di CL:

> Abbiamo subito denunciato pubblicamente la gravità di quanto stava succedendo al Meeting, addossando la responsabilità interamente su Comunione e Liberazione, perché da loro veniva ospitata, tra l'altro non in un banchetto ma in uno spazio che era una cattedrale, quindi nulla di nascosto o sottotono. In questo modo abbiamo costretto CL a prendere le distanze dall'iniziativa della raccolta firme contro la legge, presa di posizione assolutamente insufficiente, una mossa degna di Ponzio Pilato che non li ha in nessun modo liberati dalle loro responsabilità. Dovevano bloccare la raccolta firme nel loro spazio, non

l'hanno fatto e di conseguenza ne sono perlomeno complici. Neanche a dirlo, anche a Rimini venivano fermate le persone una a una e convinte a firmare con la menzogna. Quello che di sicuro possiamo fare è denunciare sempre e a gran voce la menzogna ogni volta che nasce e viene concretizzata in azione.

Il fatto è che Romani, purtroppo, non rappresenta un'anomalia all'interno del mondo Arcigay. Ne è il degno rappresentante, e anzi gli accoliti di quel sodalizio riescono ad essere, per quanto possibile, pure peggiori.

Il 14 dicembre a Genova, in Piazza De Ferrari, si è tenuta una manifestazione delle cosiddette "sentinelle in piedi", cittadini che restano fermi ed in silenzio per protestare contro i rischi liberticidi del DDL Scalfarotto. Circa 350 persone hanno pacificamente e silenziosamente dimostrato con la propria presenza il desiderio di difendere la propria libertà di opinione.

Ebbene *Arcigay di Genova L'Approdo*, ha avuto la bella pensata di andare a fotografare alcuni volti dei singoli partecipanti alla manifestazione. Un'azione degna degli infidi agenti della *Securitate* romena ai tempi di *Ceaușescu*.

Orgogliosi dell'operazione antiomofoba, gli autori hanno postato sul profilo *facebook* dell'associazione due comunicati stampa e le fotografie dei pericolosi manifestanti. Il tenore dei comunicati, che la dice lunga sul clima che regna dalle parti dell'Arcigay, meritano di essere riportati:

I VOLTI DELL'INTOLLERANZA E OMOFOBIA
15 dicembre 2013 – foto scattate presso Piazza De Ferrari. Abbiamo fotografato le facce delle sentinelle in piedi, ci ritroviamo persone facilmente manipolabili da pregiudizi e ignoranze spacciate per causa forte, un modo per sentirsi eroi e gratificarsi con lo spirito di sacrificio tutto cattolico. Molti non sanno neppure esattamente perché sono lì e cosa dice il ddl Scalfarotto che con l'emendamento salvapreti ha rovinato tutta la legge Mancino. Non sanno neppure che la bandiera che sventola sul palazzo ducale è quella della lotta per i diritti delle persone LGBT, i cui diritti per i

signori valgono meno della libertà della chiesa a difendere il matrimonio sacramento come istituzione legale e civile, ingerendo così nelle leggi di uno stato laico. Le stesse veglie si facevano non pubblicamente ma in chiesa, contro la legge sull'aborto e il matrimonio civile, ora escono allo scoperto, si definiscono aconfessionali ma ci sono sacerdoti ed esponenti delle associazioni clericali genovesi.

ARCIGAY APPRODO OSSERVA LE SENTINELLE IN PIEDI
14 dicembre 2013 – foto scattate presso Piazza De Ferrari.
Senza contromanifestare siamo andati a vedere la veglia delle sentinelle in piedi che combattono contro il ddl Scalfarotto perché "pericoloso per la libertà di opinione". Ora se uno dice pubblicamente che l'"unico matrimonio naturale è quello tra persone della stessa razza" come affermavano i nazisti, può e deve esser accusato di razzismo e antisemitismo, nessuno fa una veglia per lui e per le sue opinioni, ma se uno dice che le coppie dello stesso sesso non hanno diritto ad avere riconosciuta pubblicamente la qualità della loro unione per "le sentinelle" non è omofobia è libera espressione d'opinione.

Se non fosse dettato da pura propaganda e corrispondesse davvero ad un desiderio autentico di pace, l'Arcigay dovrebbe cominciare a spegnere l'odio che cova dentro i loro cuori. Qualcuno duemila anni fa già ammoniva: «*Hypocrita, eice primum trabem de oculo tuo et tunc perspicies, ut educas festucam, quae est in oculo fratris tui*». Tolta la trave dal proprio occhio, si può guardare, e in questo modo, forse, si riesce pure a togliere la pagliuzza che è negli occhi degli altri. È una regola d'oro.

INDICE

PREFAZIONE di Mons. Luigi Negri 7

INTRODUZIONE di don Gabriele Mangiarotti 11

LA VERA EMERGENZA 14
Caso Piccinelli 18
Caso Razeto Ronchi 32
Caso Barilla 48
Caso Cerrelli 53
Caso Marino 58
Casi nel mondo 64

KULTURKAMPF OMOSESSUALISTA 83
Standard OMS 83
Documento UNAR 86
Propaganda a carico dello stato 98

LUGLIO 101

AGOSTO 123

SETTEMBRE 155

DICEMBRE 179

PERCHÉ OPPORSI 187

SPEGNERE L'ODIO 201

Finito di stampare
nel mese di aprile 2014 da
MEDIAPRINT
LITOGRAFIA